彩色放大本中國著名碑帖

文徵明草書前赤壁賦

孫寳文 編

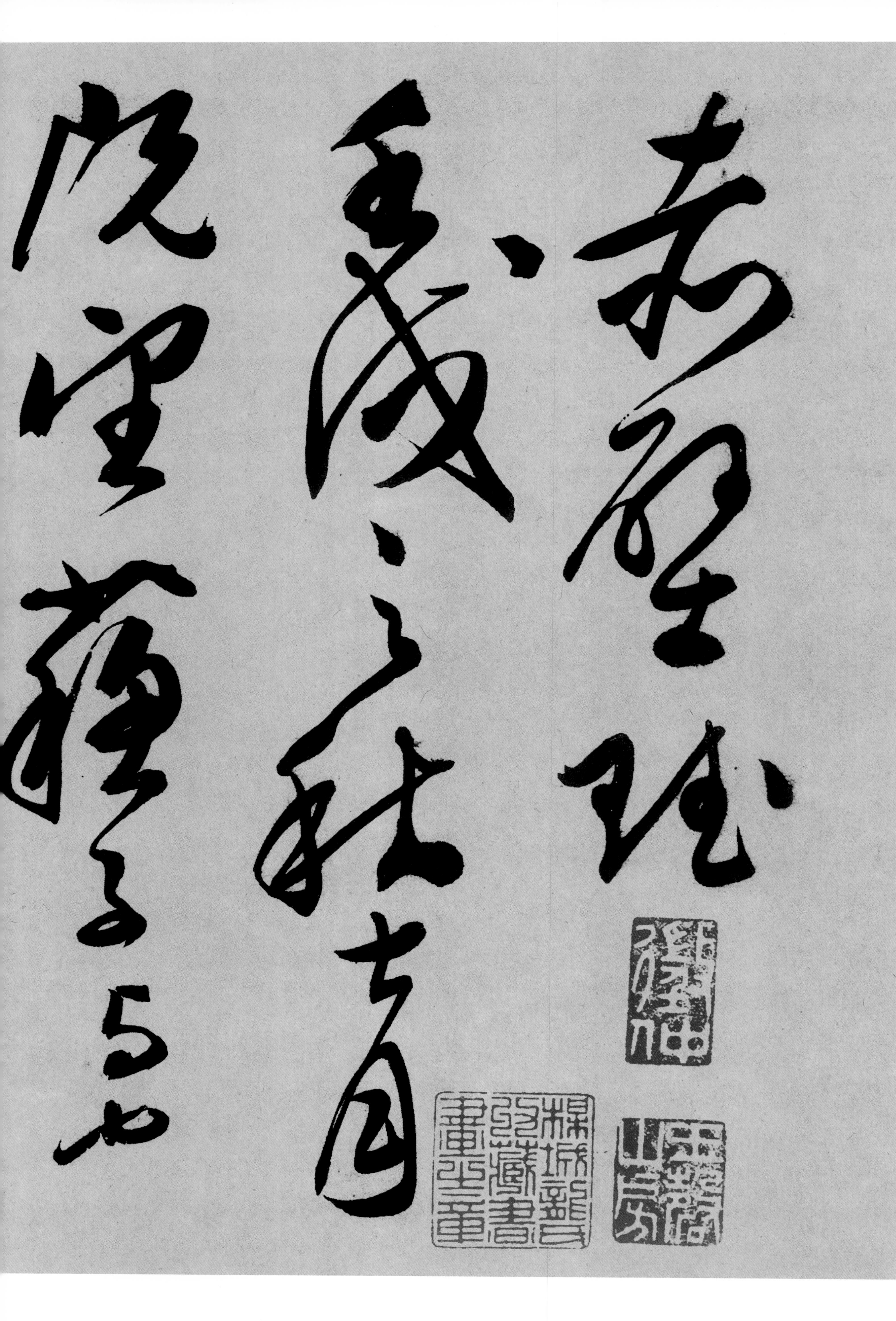

赤壁賦

壬戌之秋七月既望蘇子与客

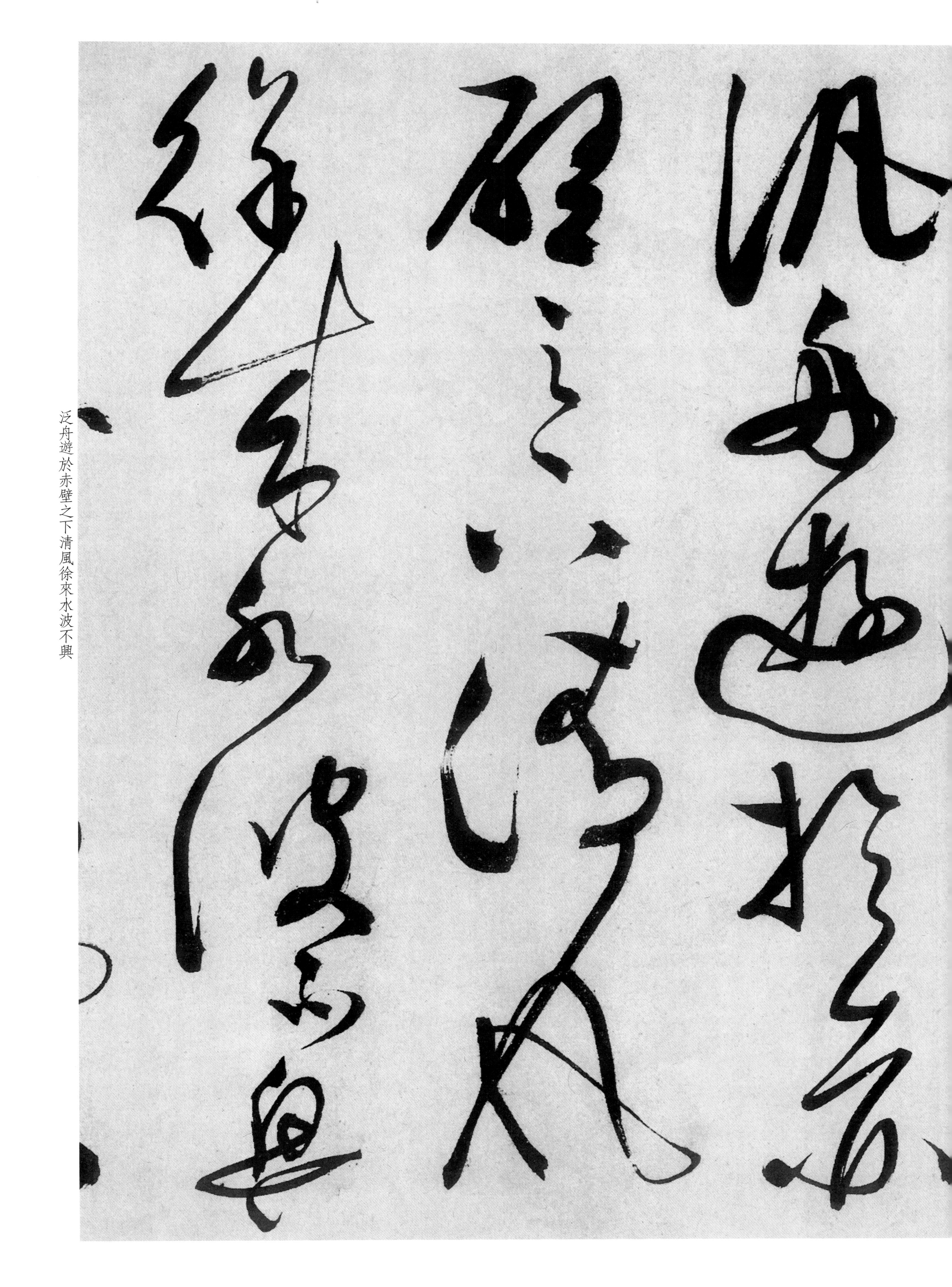

泛舟遊於赤壁之下清風徐來水波不興

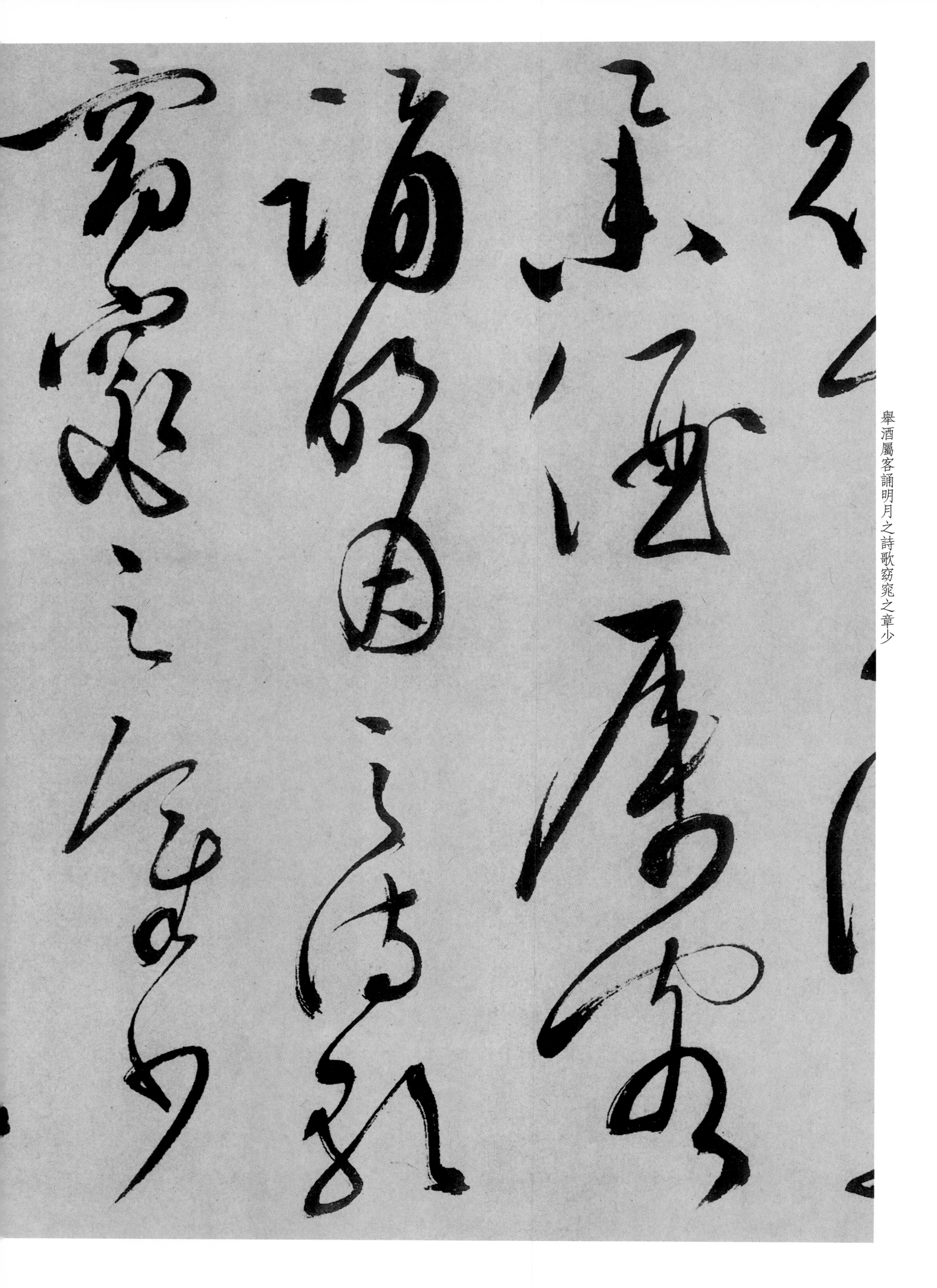

舉酒屬客誦明月之詩歌窈窕之章少

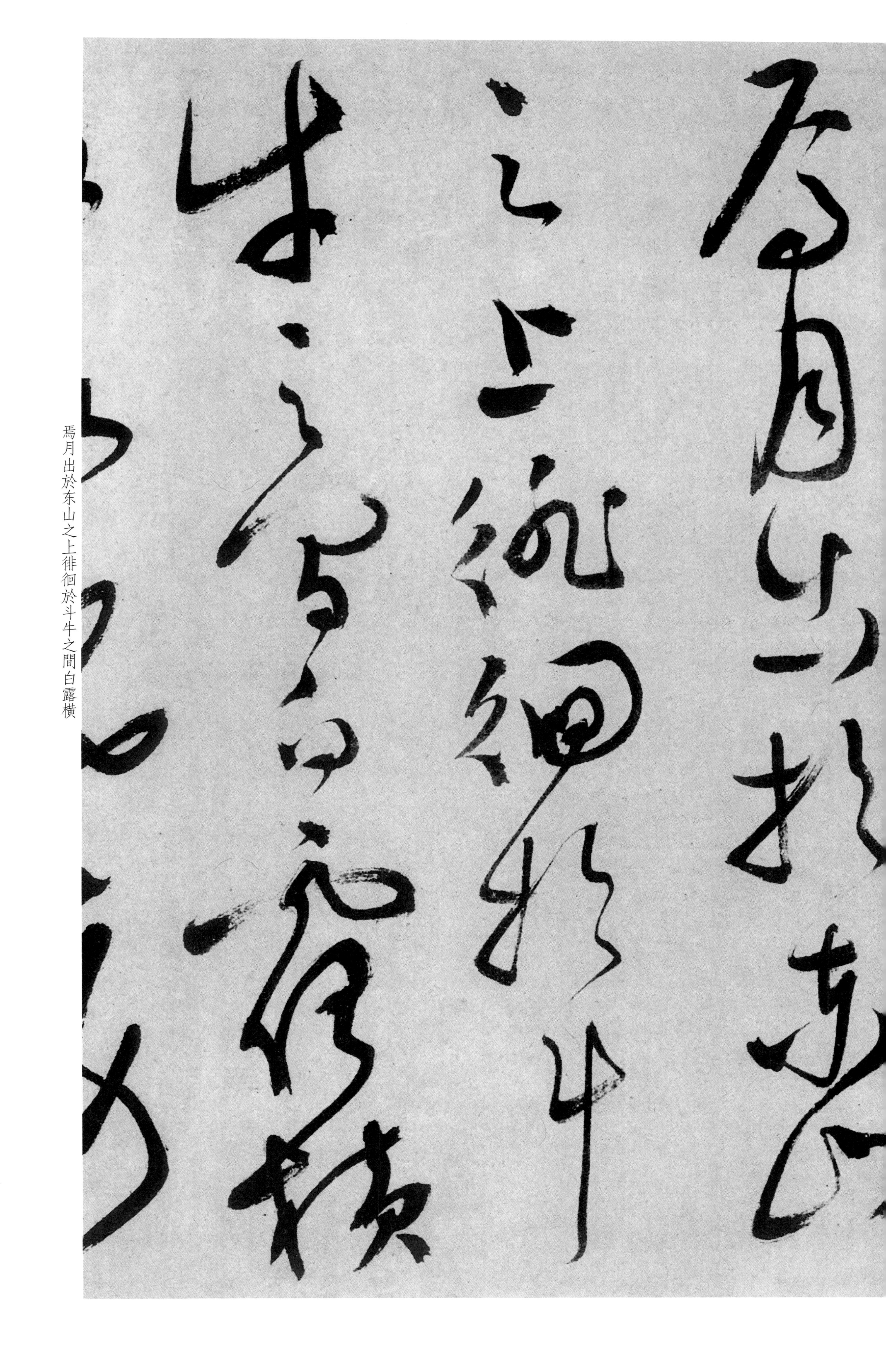

焉月出於东山之上徘徊於斗牛之間白露横

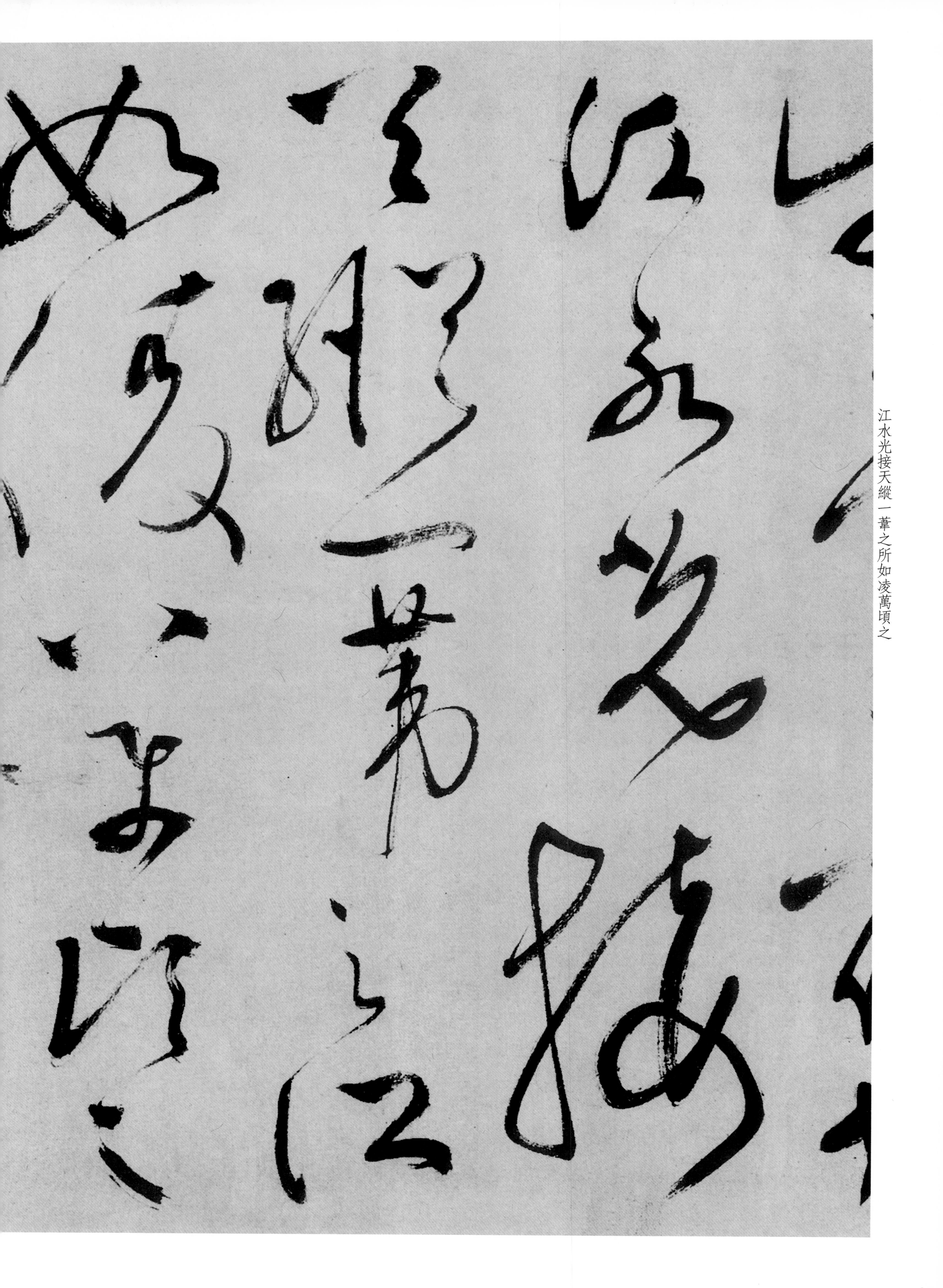

江水光接天縱一葦之所如凌萬頃之

茫然浩浩乎如馮虚禦風而不知其所止

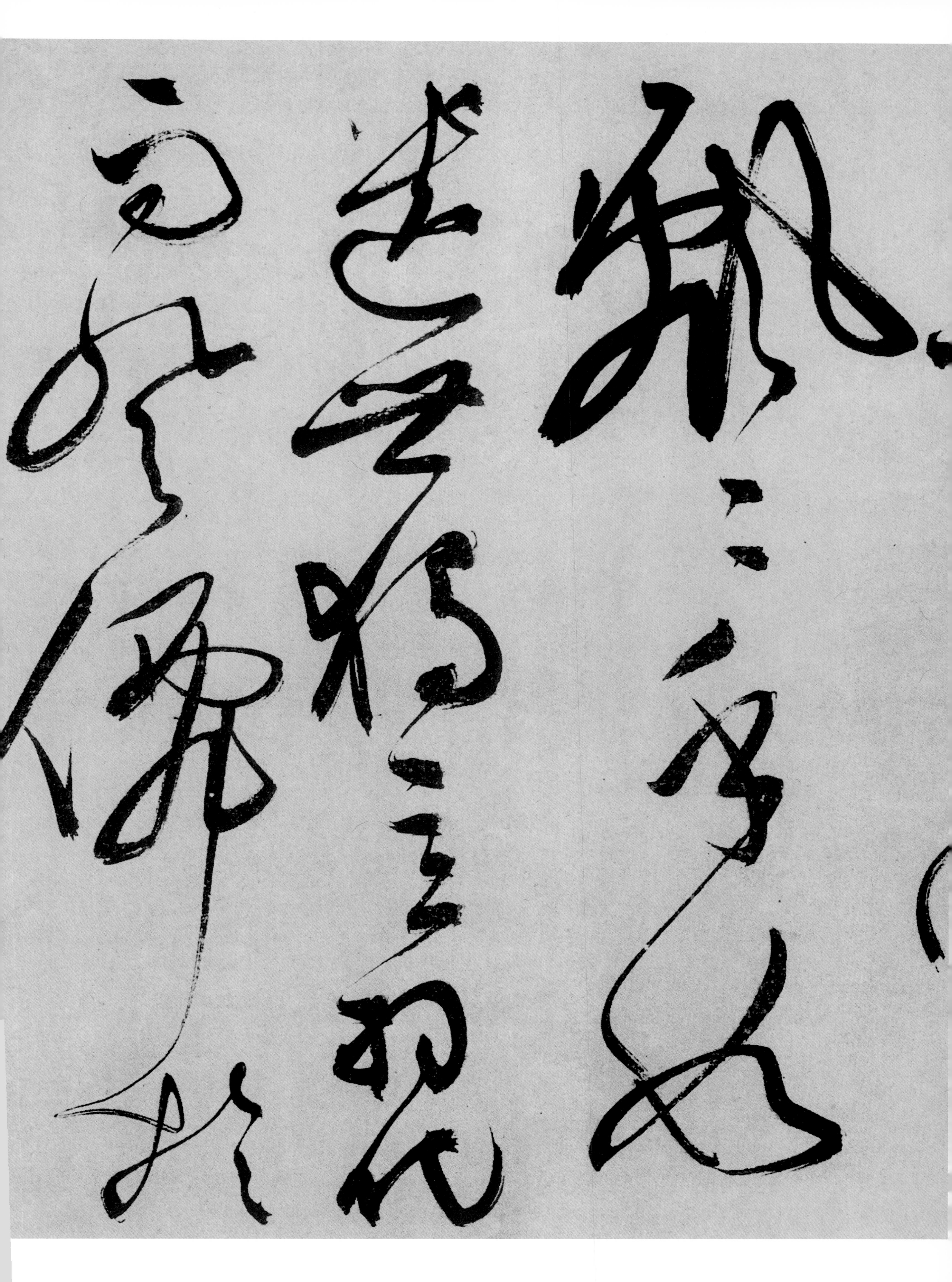

飄飄乎如遺世獨立羽化而登僊於是飲酒乐甚扣舷而歌之歌曰桂棹兮

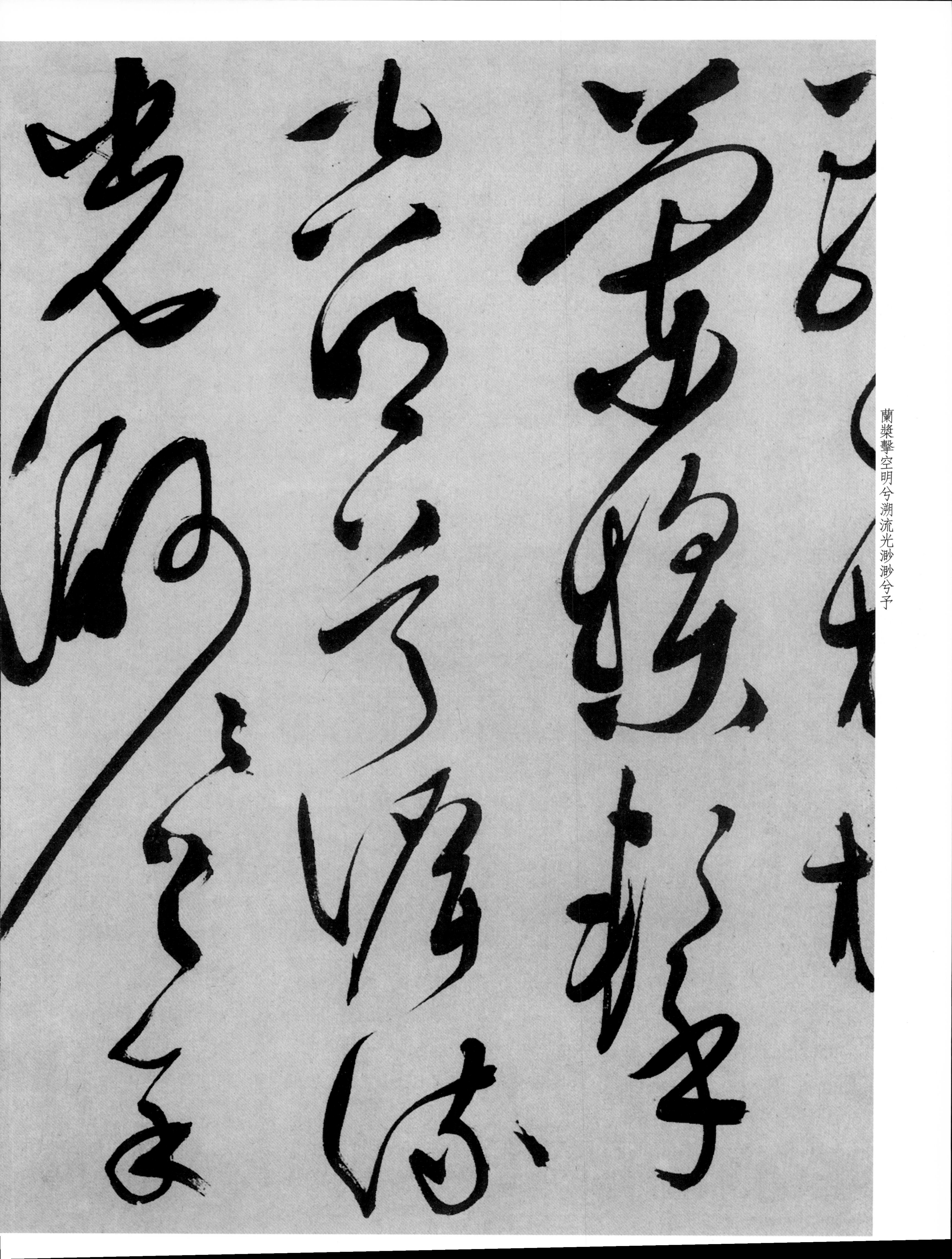

蘭槳擊空明兮溯流光渺渺兮予

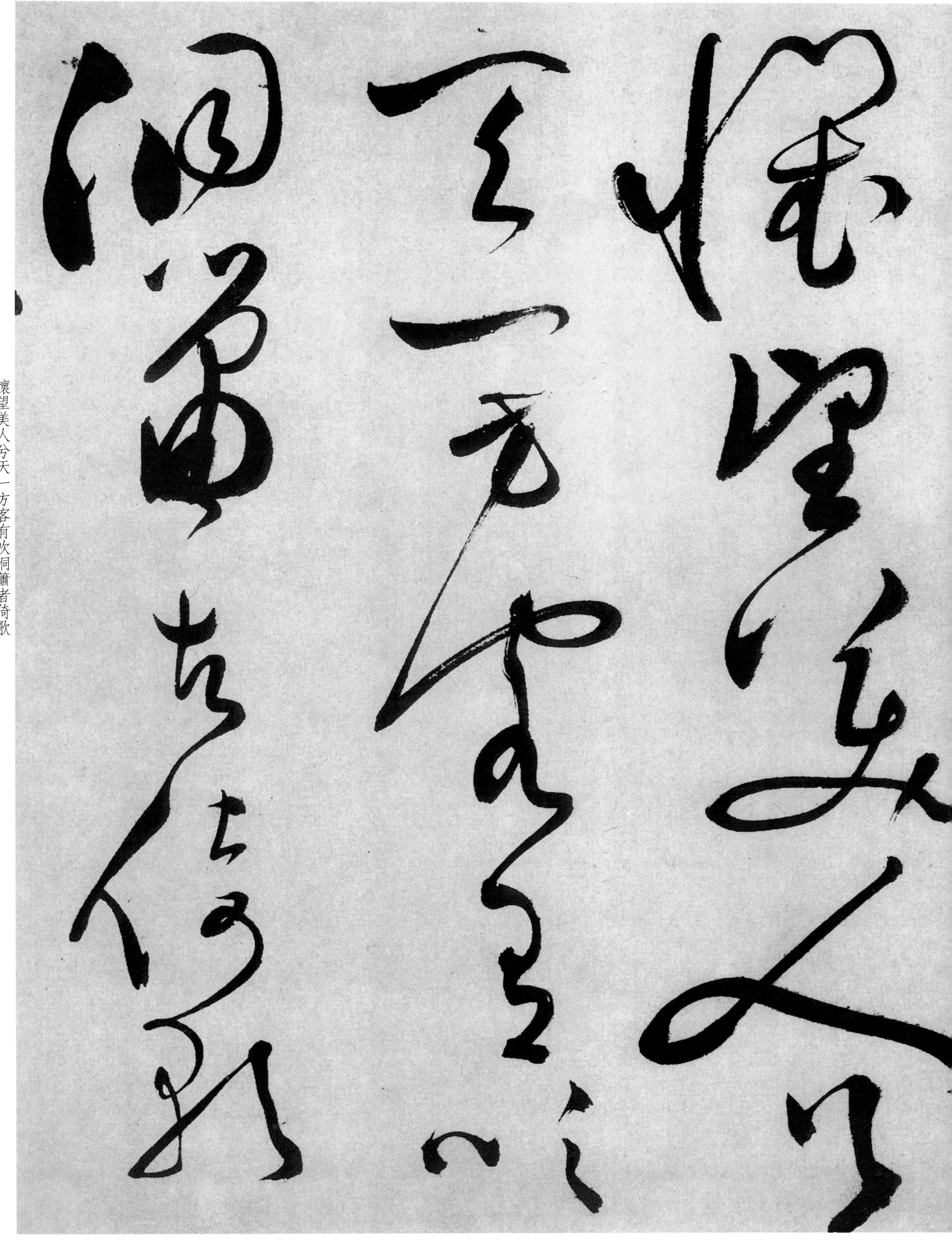

懷望美人兮天一方客有吹洞簫者倚歌

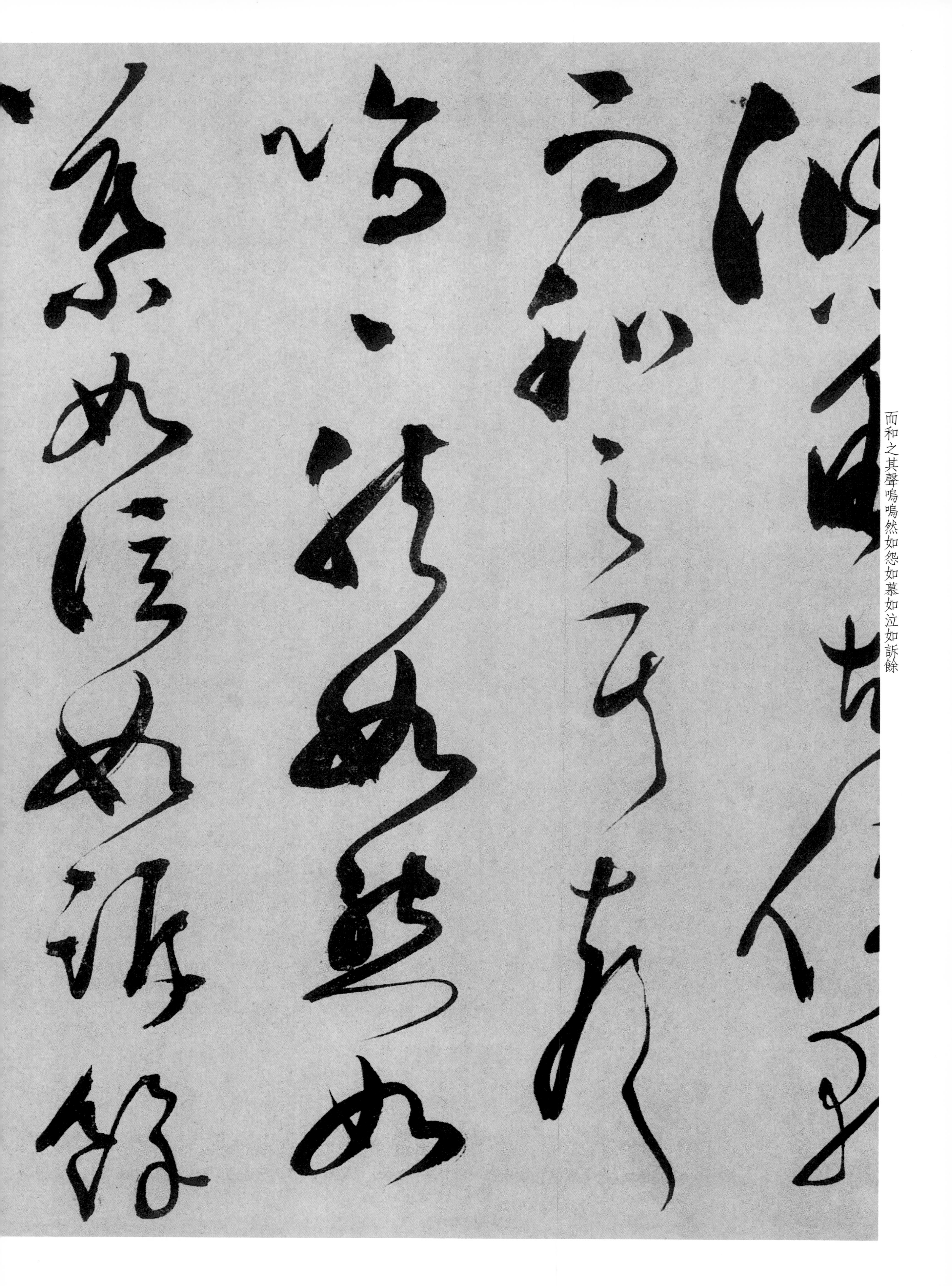

而和之其聲嗚嗚然如怨如慕如泣如訴餘

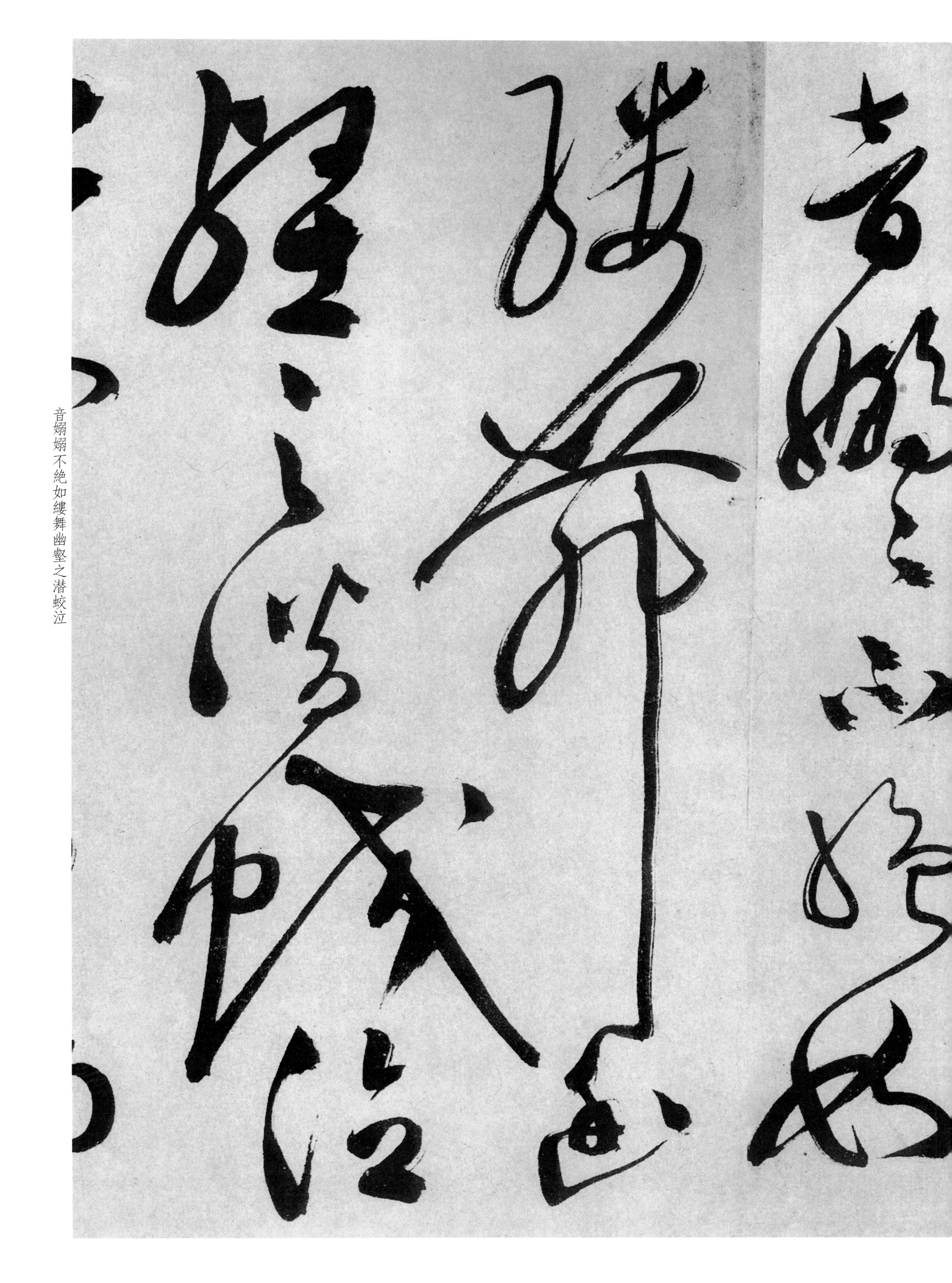

音嫋嫋不絶如縷舞幽壑之潛蛟泣

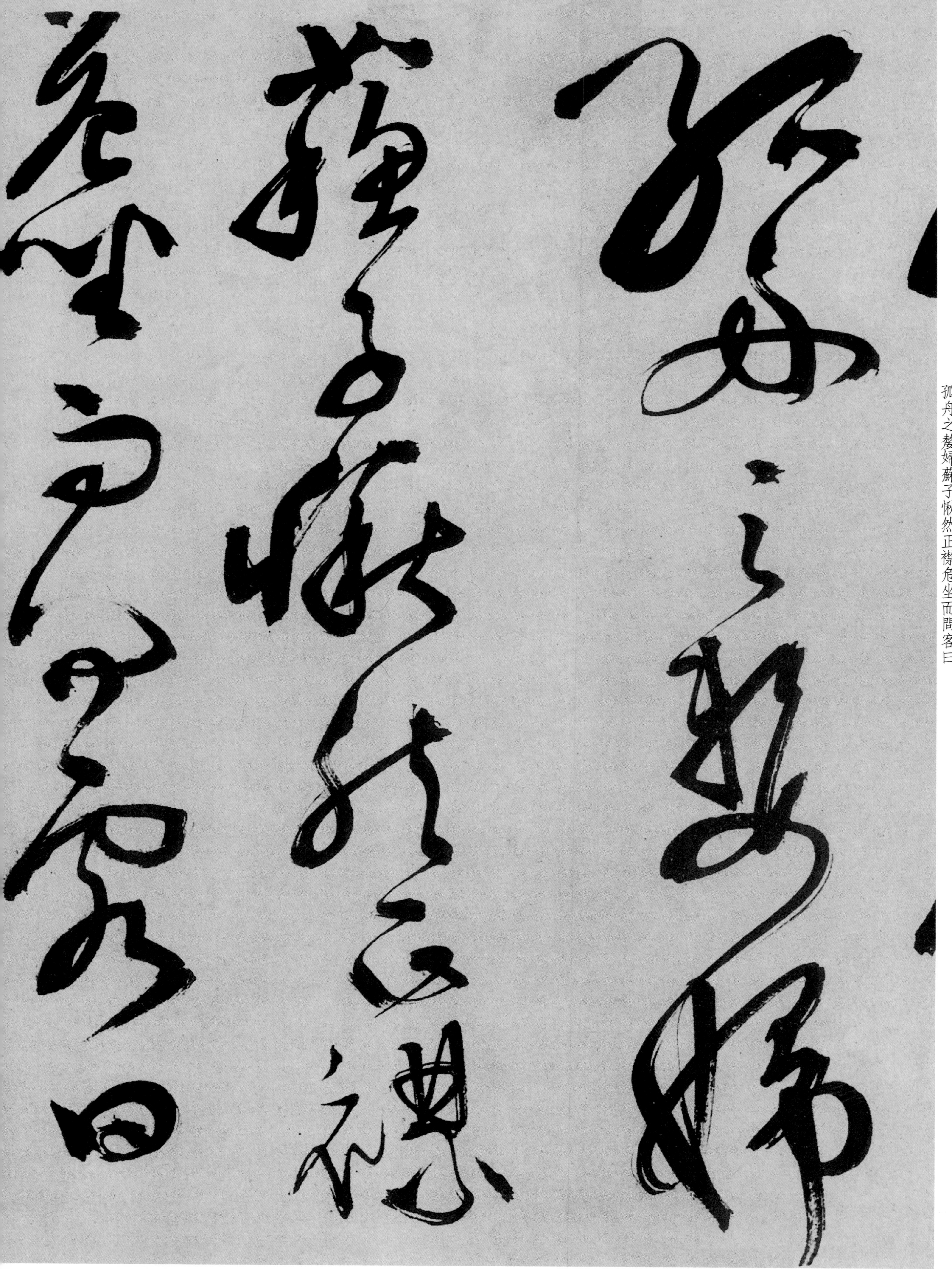

孤舟之嫠婦蘇子愀然正襟危坐而問客曰

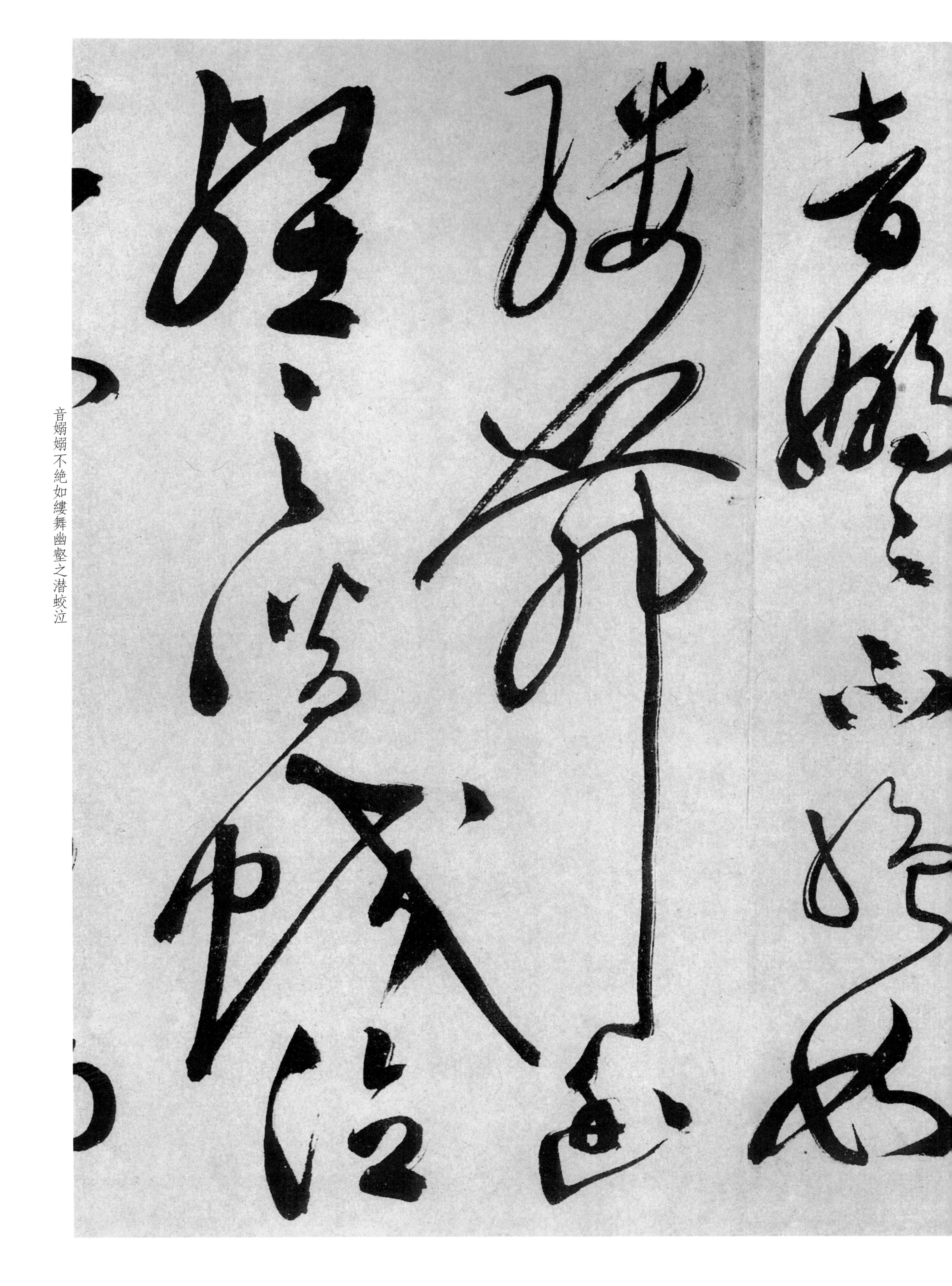

音嫋嫋不絶如縷舞幽壑之潛蛟泣

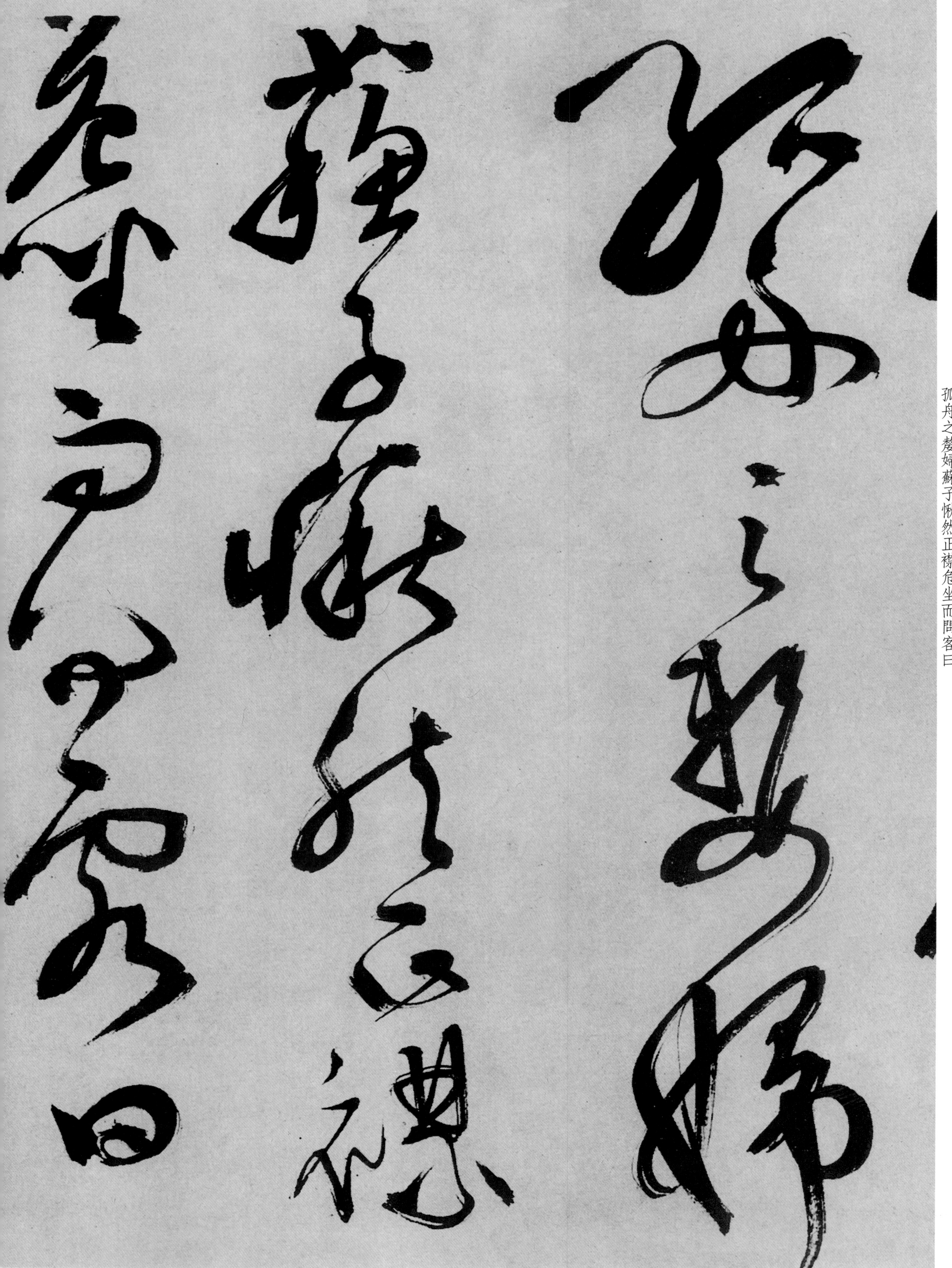

孤舟之嫠婦蘇子愀然正襟危坐而問客曰

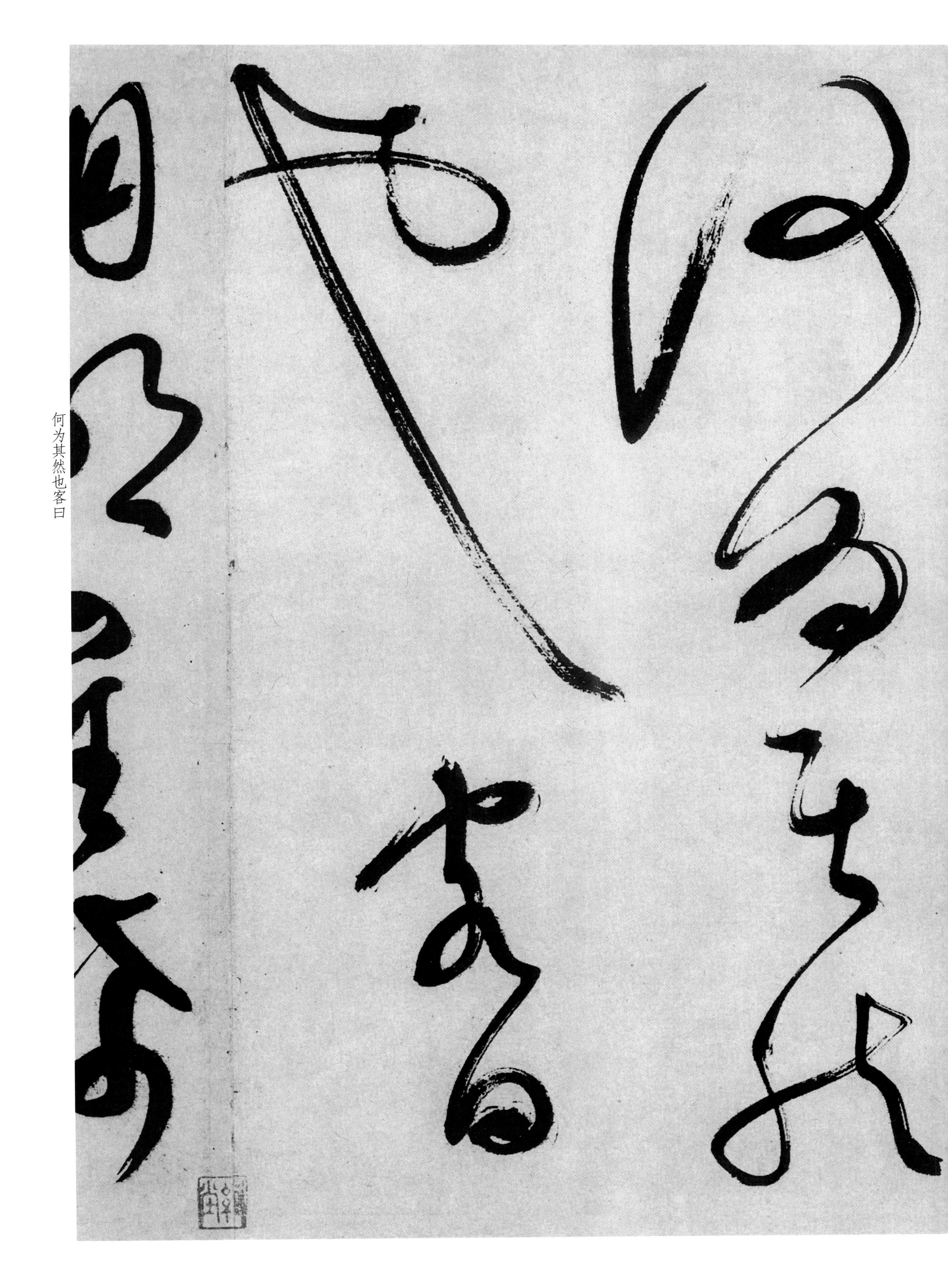

何为其然也客曰

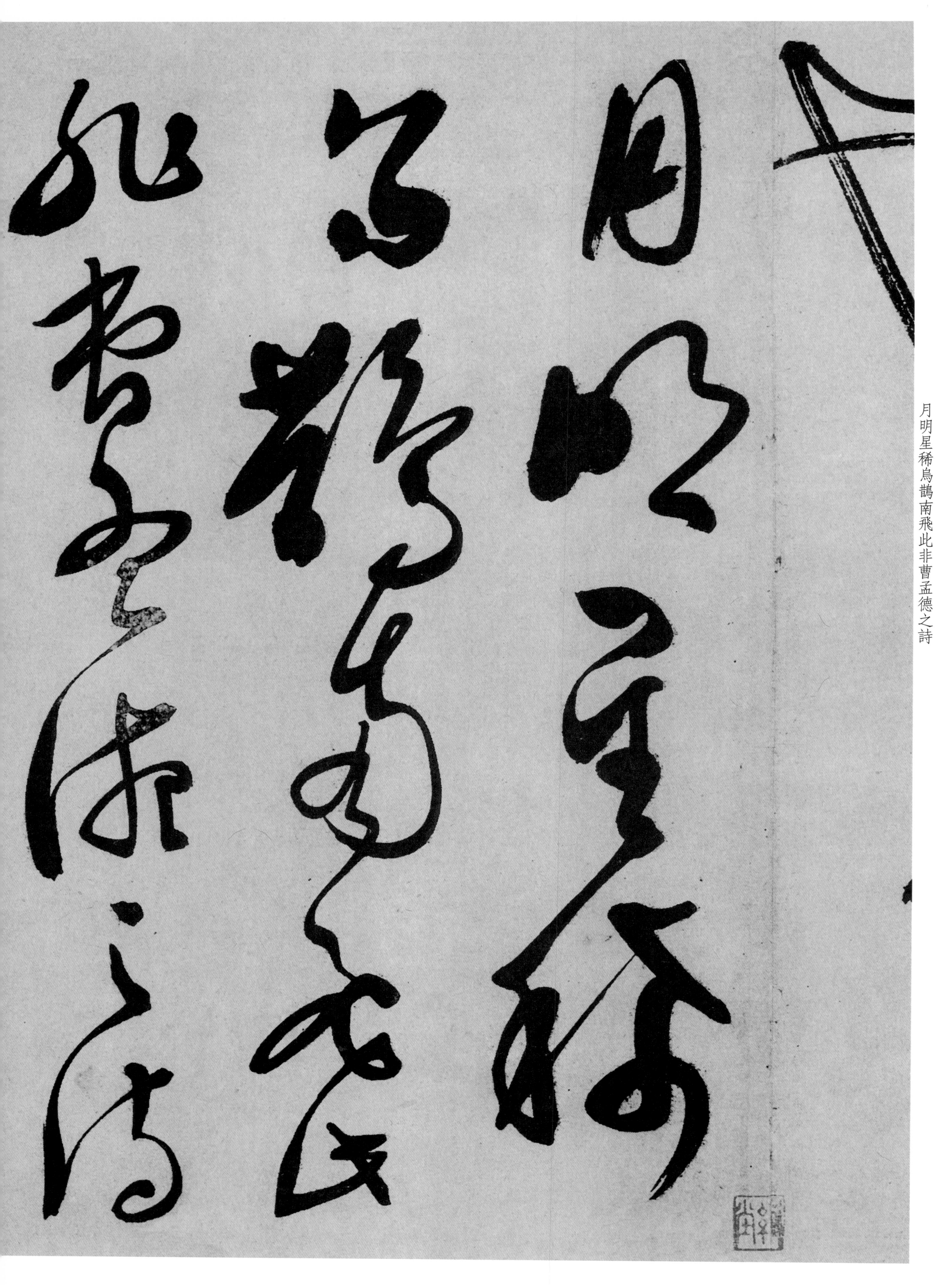

月明星稀烏鵲南飛此非曹孟德之詩

平西望夏口东望武昌山川相缪郁乎

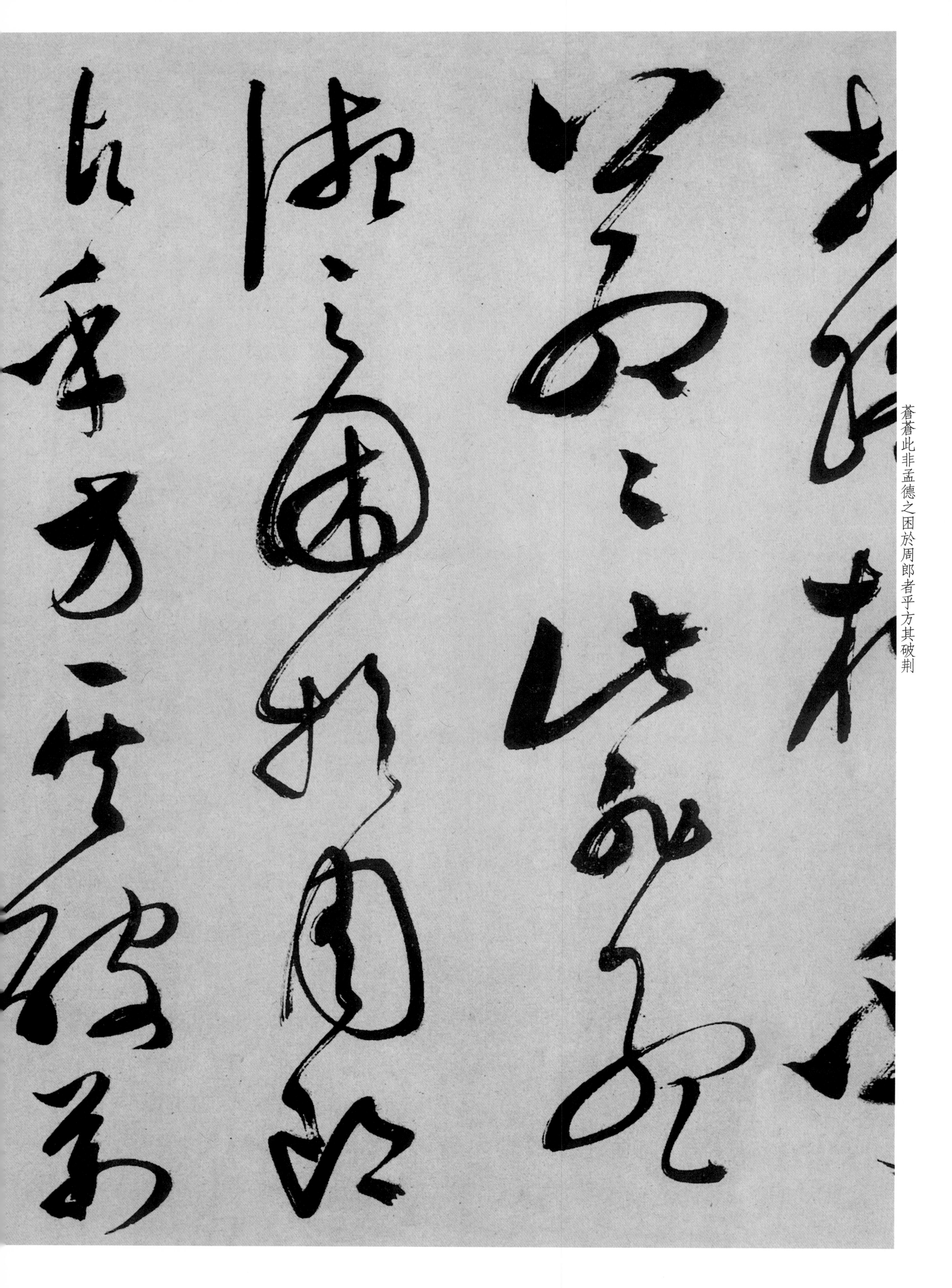

蒼蒼此非孟德之困於周郎者乎方其破荆

州下江陵順流而东也舳艫千里旌旗蔽空

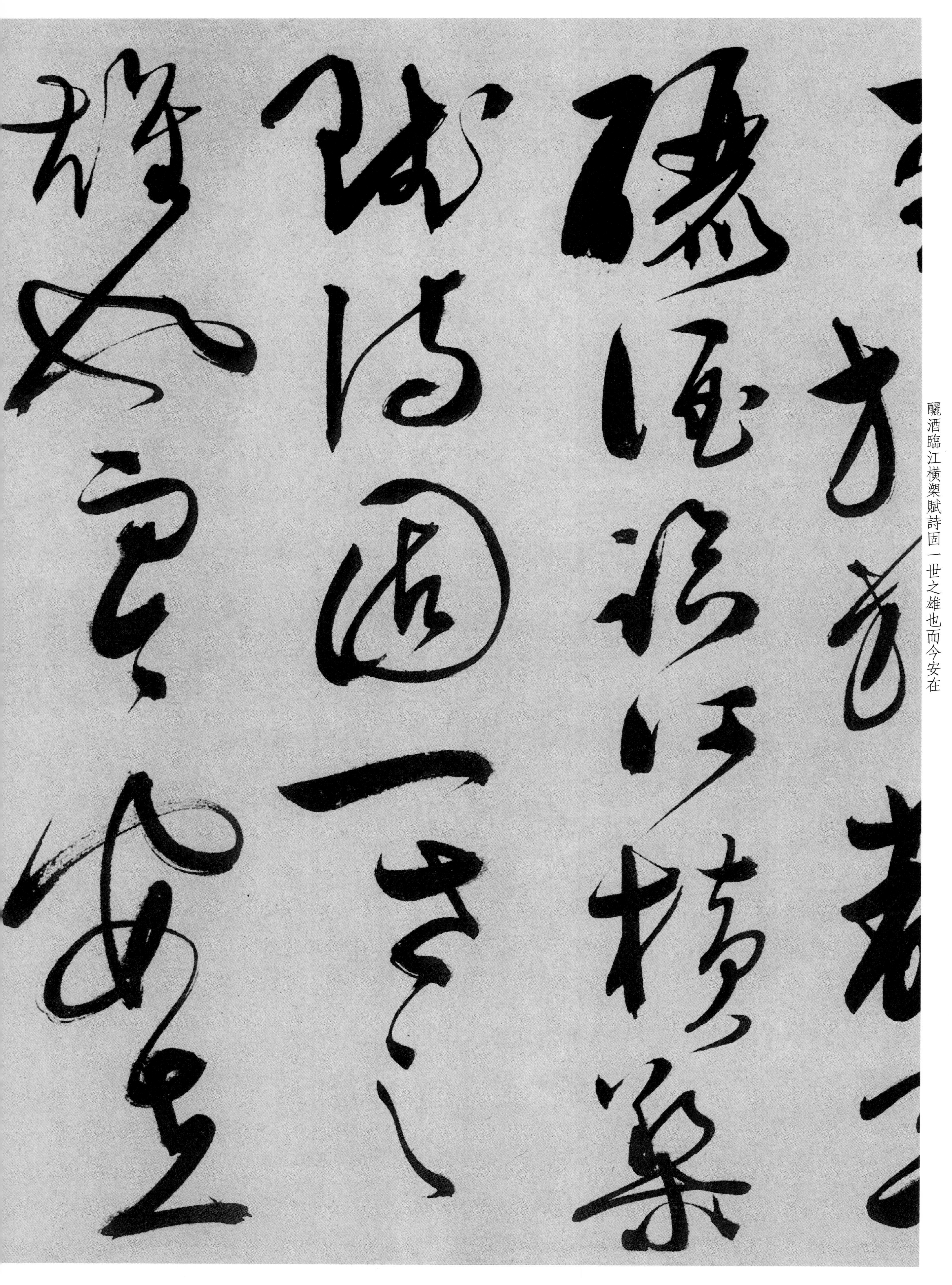

釃酒臨江横槊賦詩固一世之雄也而今安在

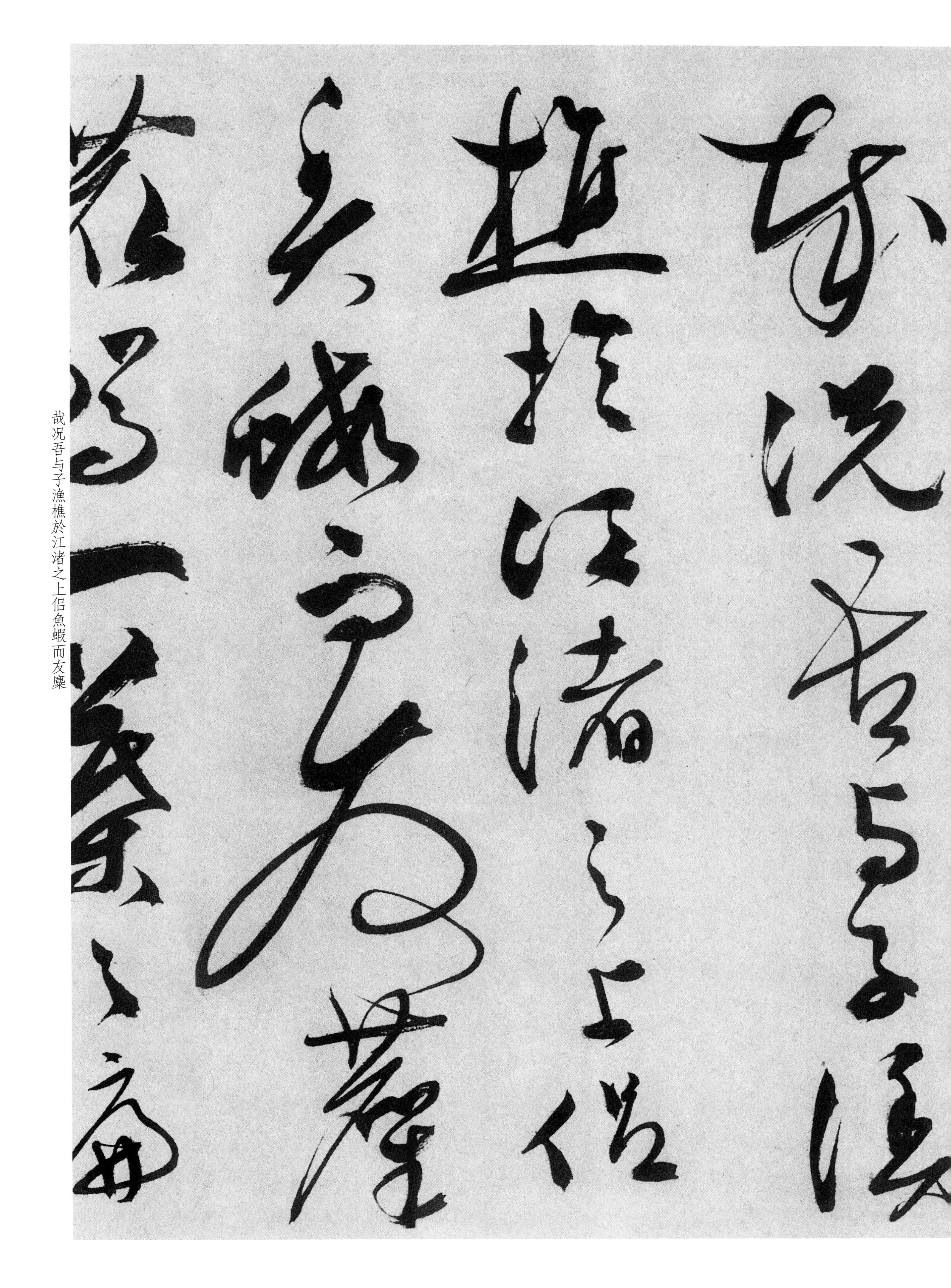

哉况吾与子渔樵於江渚之上侣鱼虾而友麋

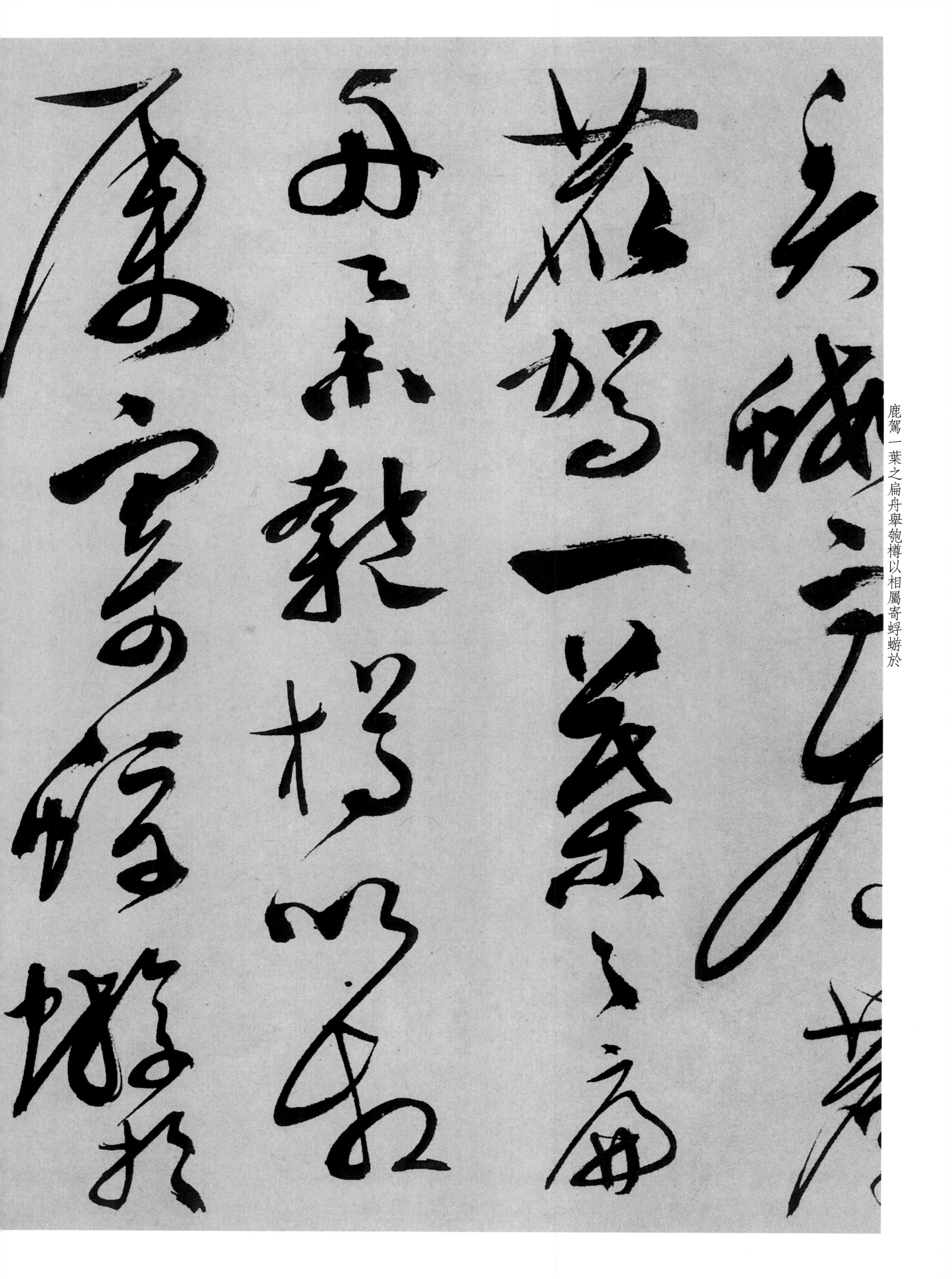

鹿駕一葉之扁舟舉匏樽以相屬寄蜉蝣於

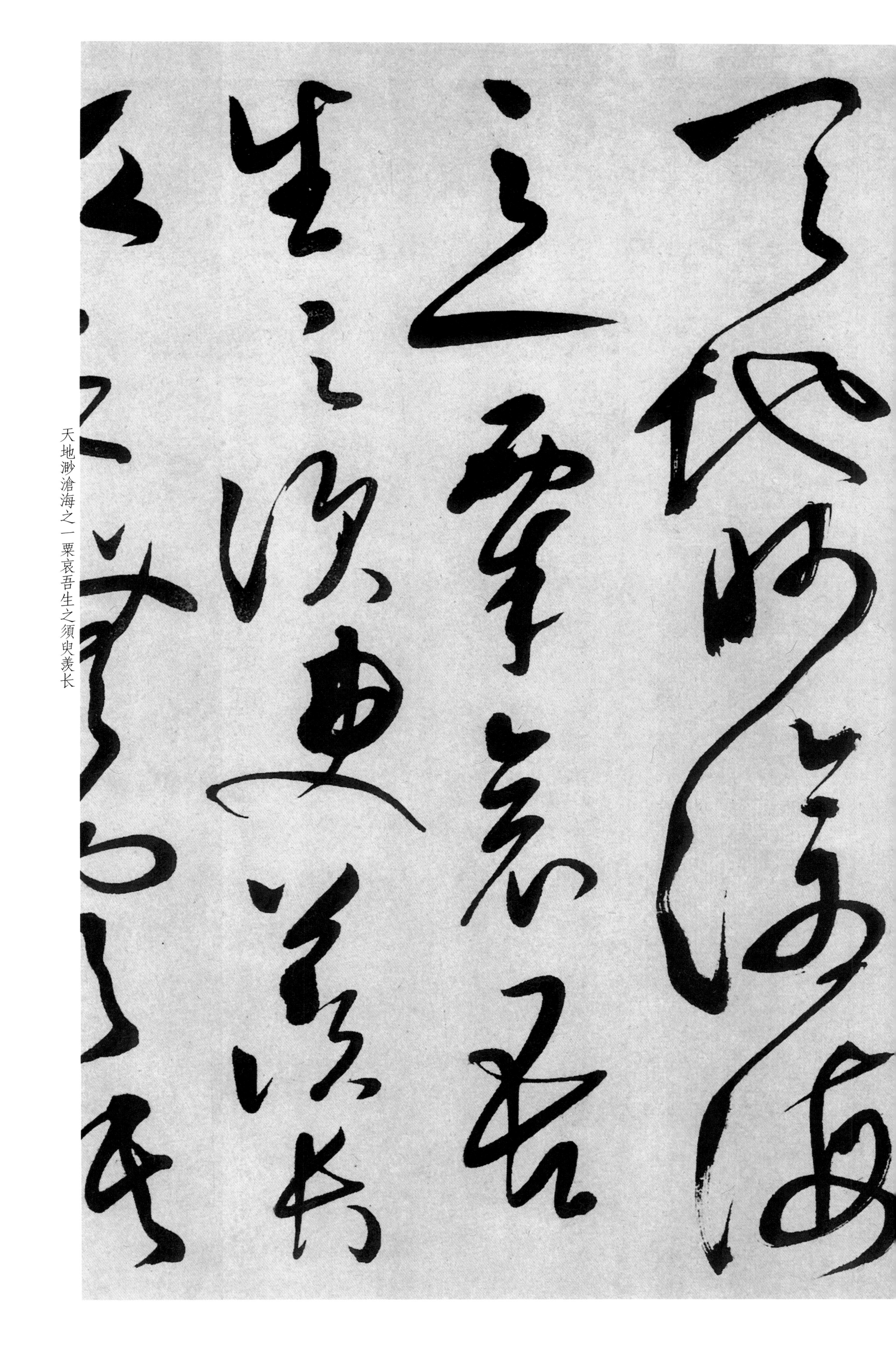

天地渺滄海之一粟哀吾生之須臾羨長

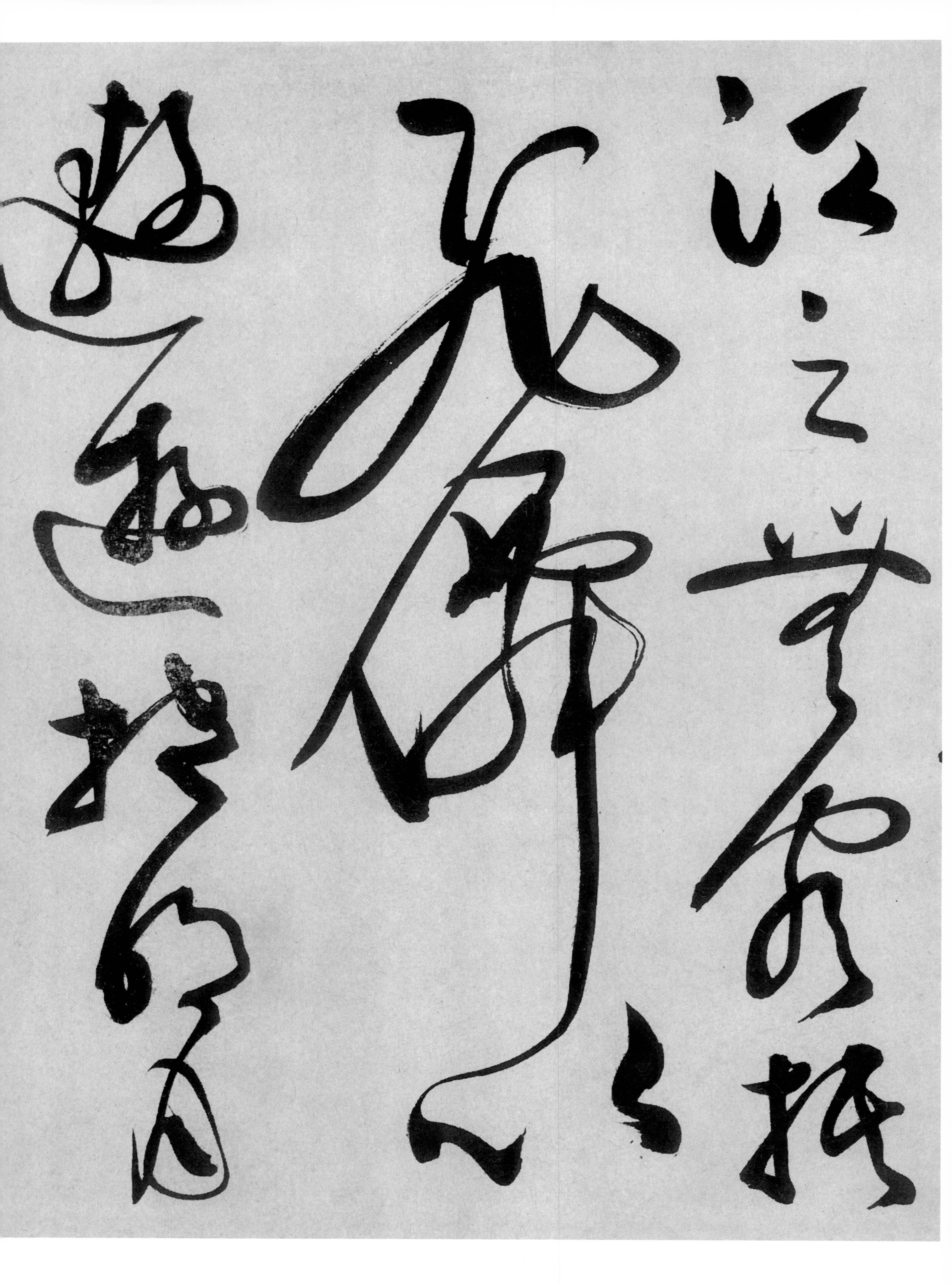

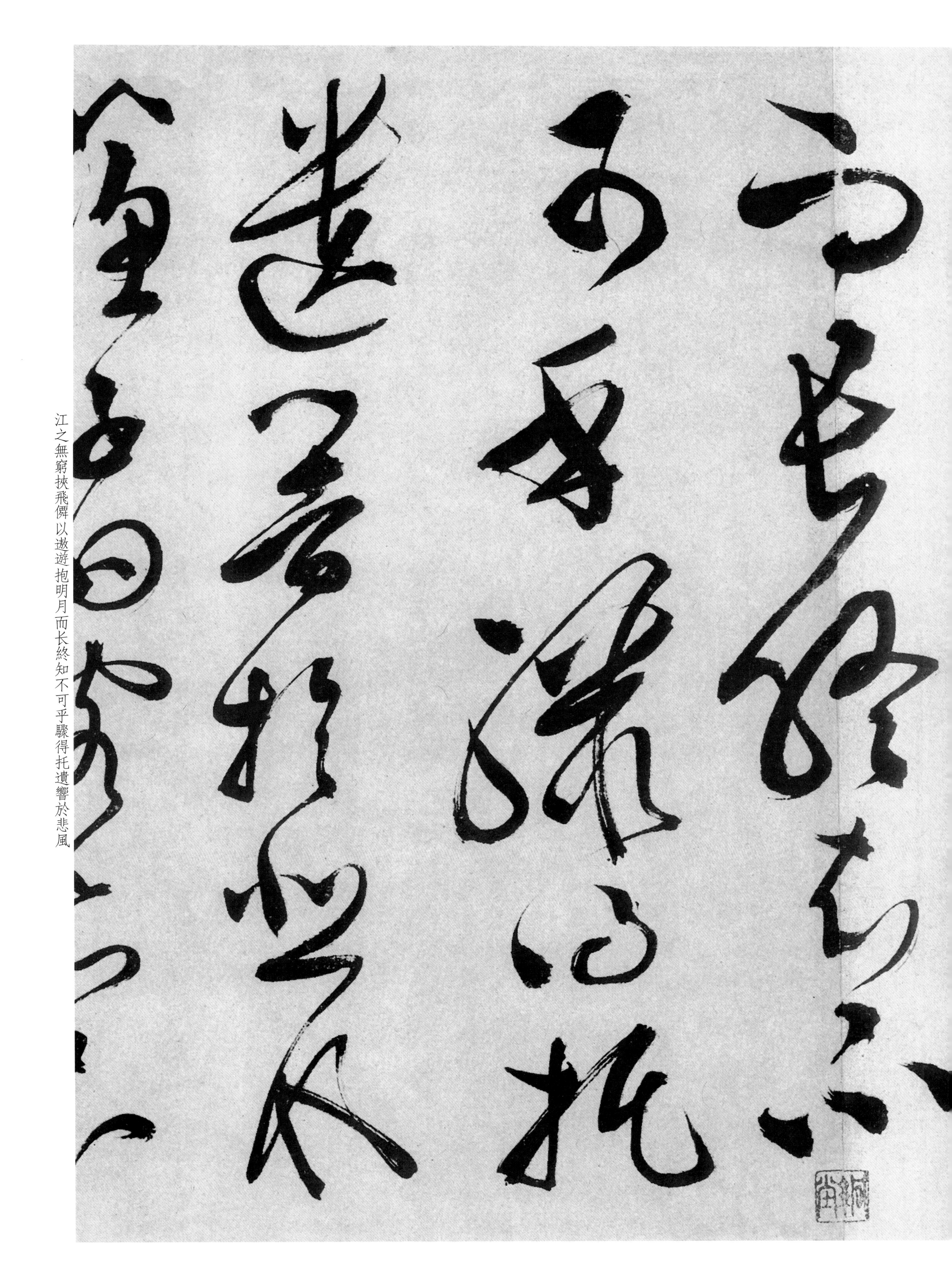

江之無窮挾飛僊以遨遊抱明月而长終知不可乎驟得托遺響於悲風

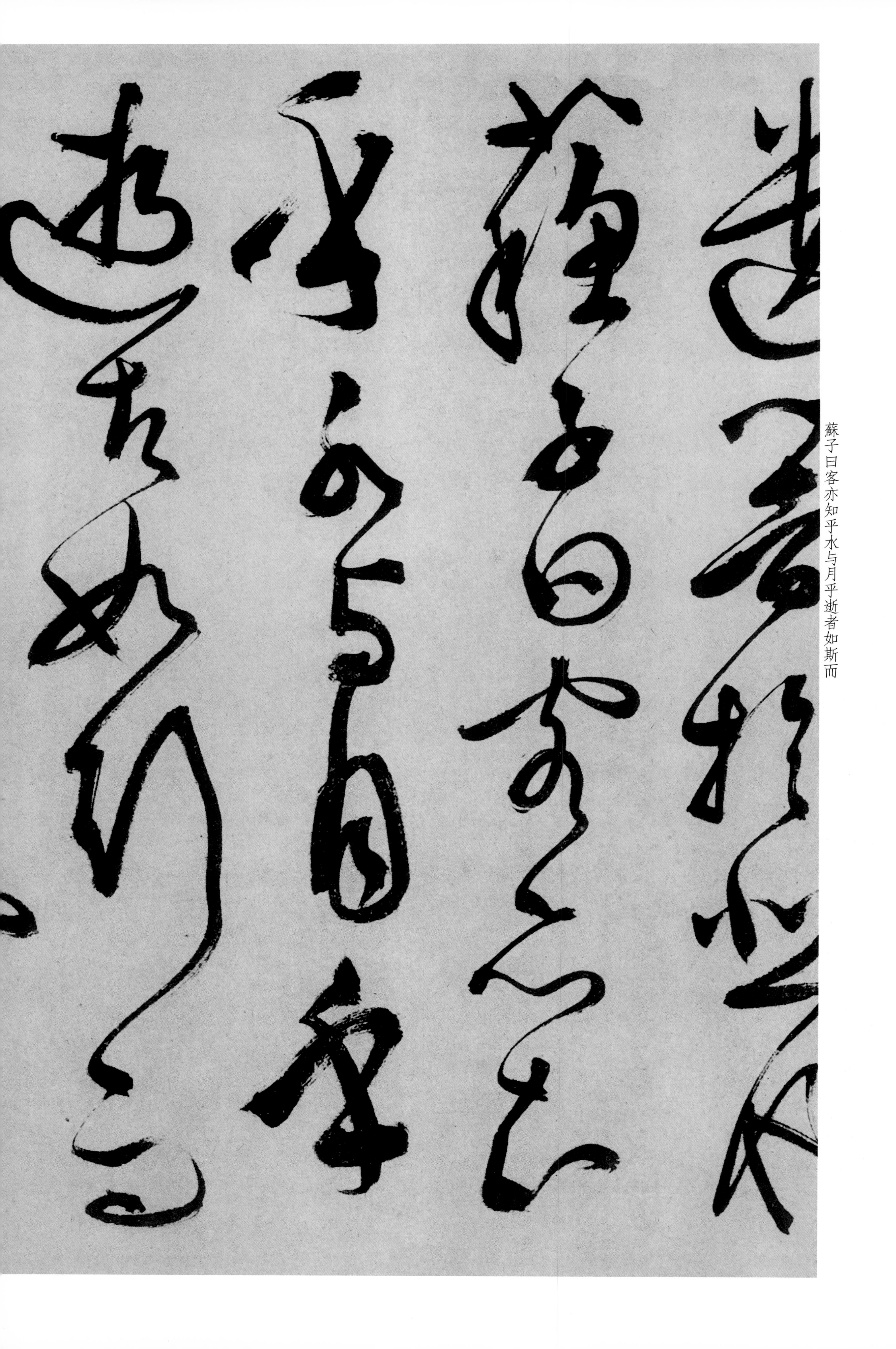

蘇子曰客亦知乎水与月乎逝者如斯而

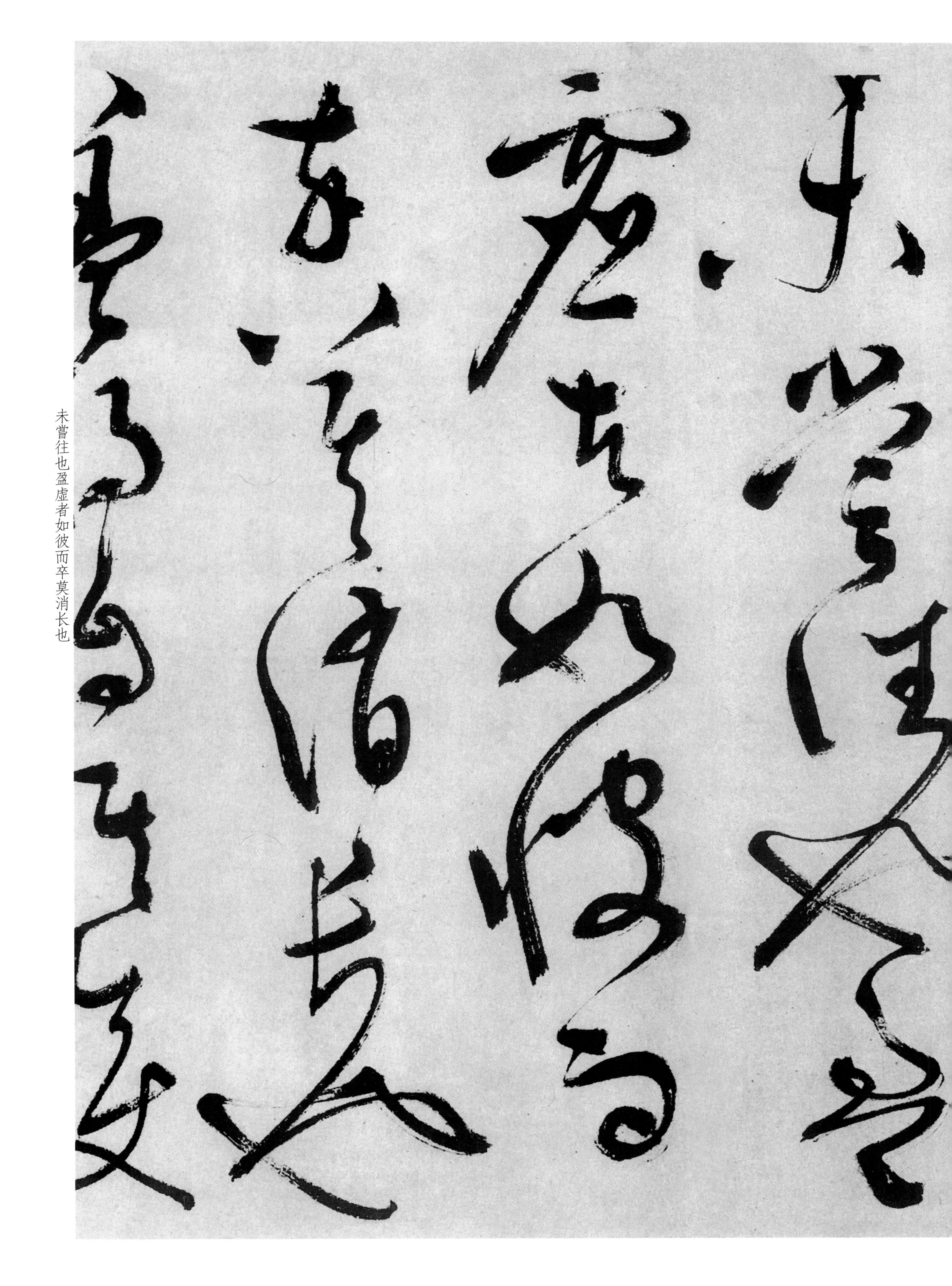

未嘗往也盈虚者如彼而卒莫消长也

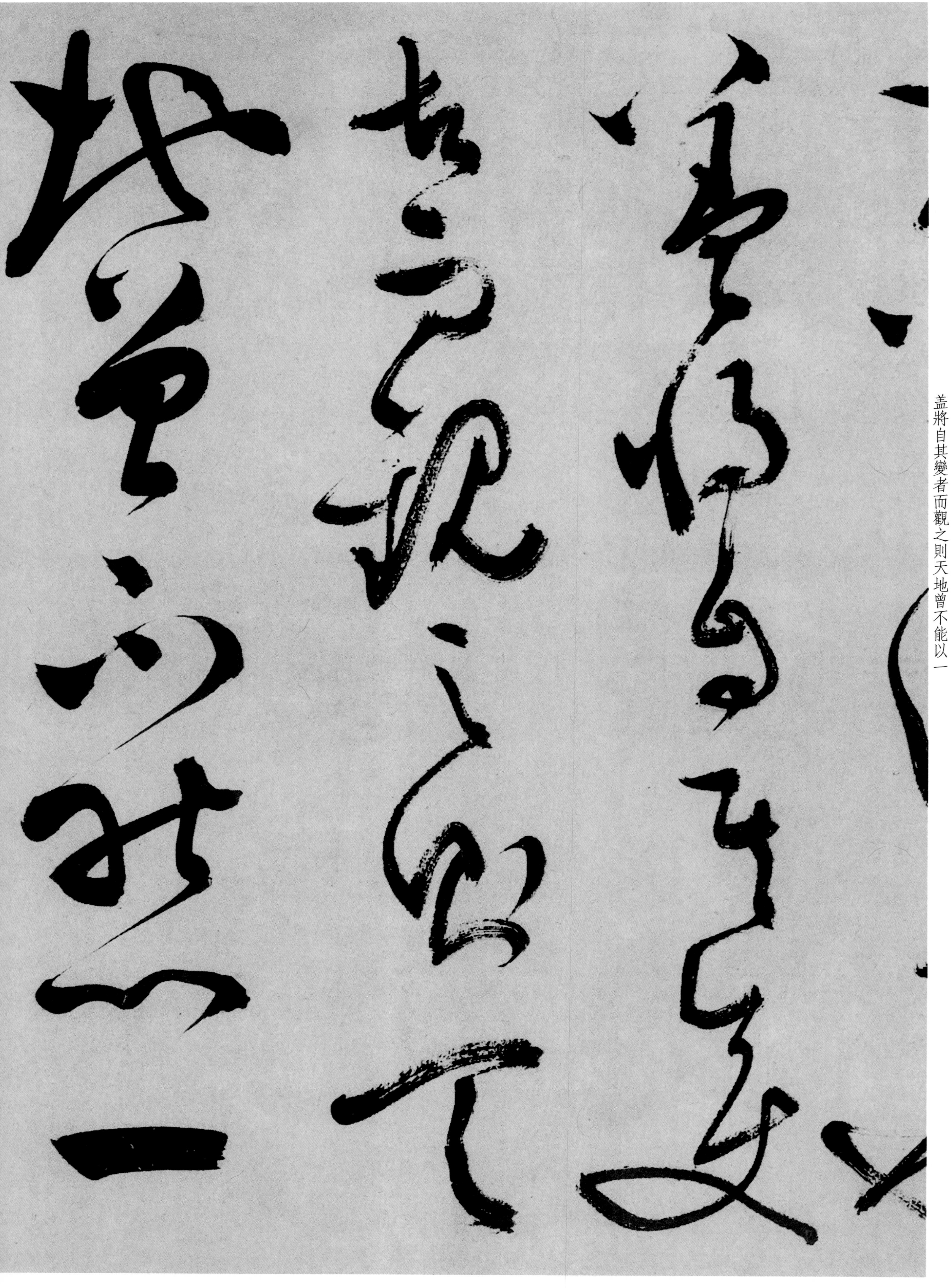

盖將自其變者而觀之則天地曾不能以一

瞬自其不變者而觀之則物与我皆無

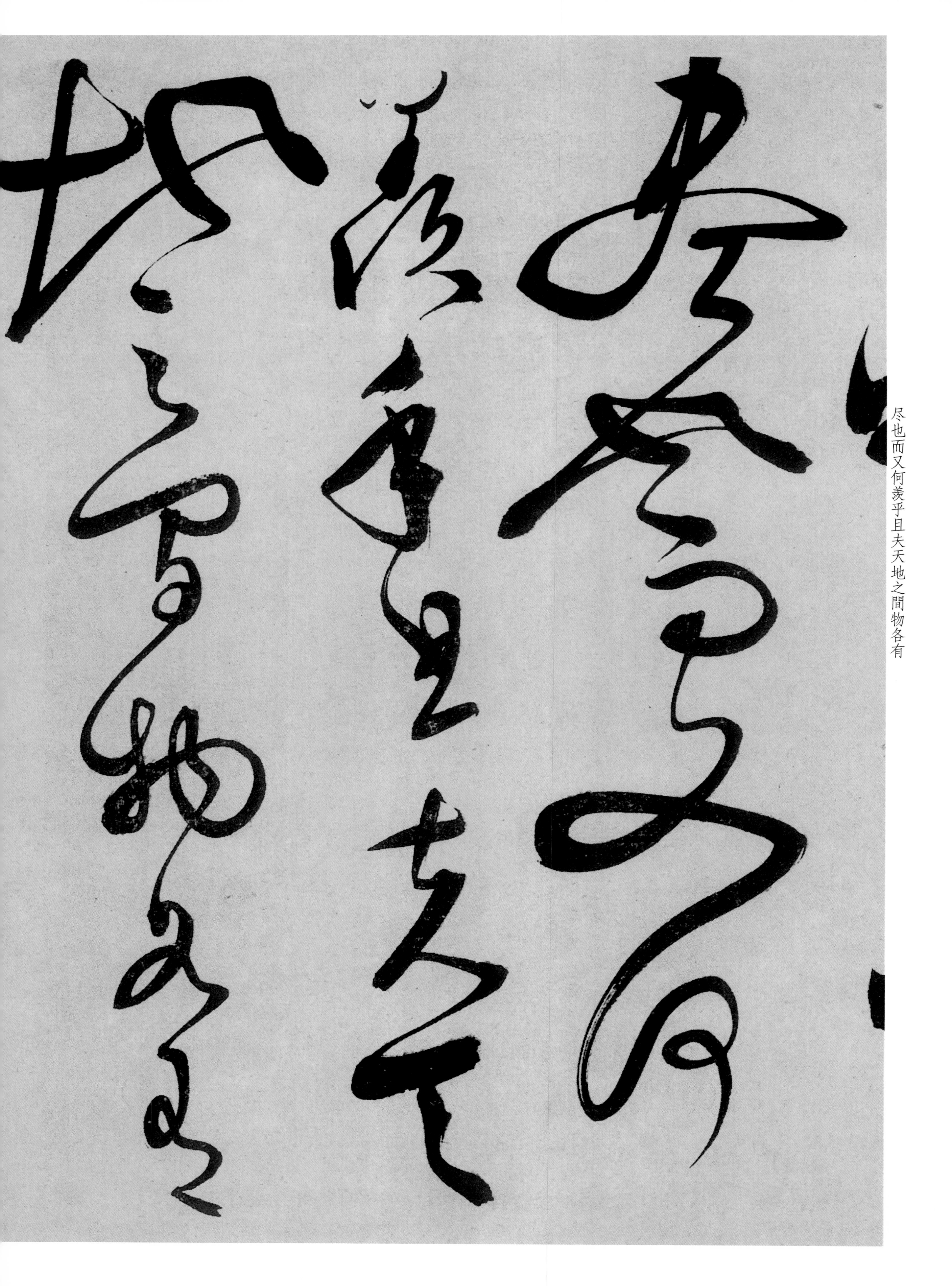

尽也而又何羡乎且夫天地之間物各有

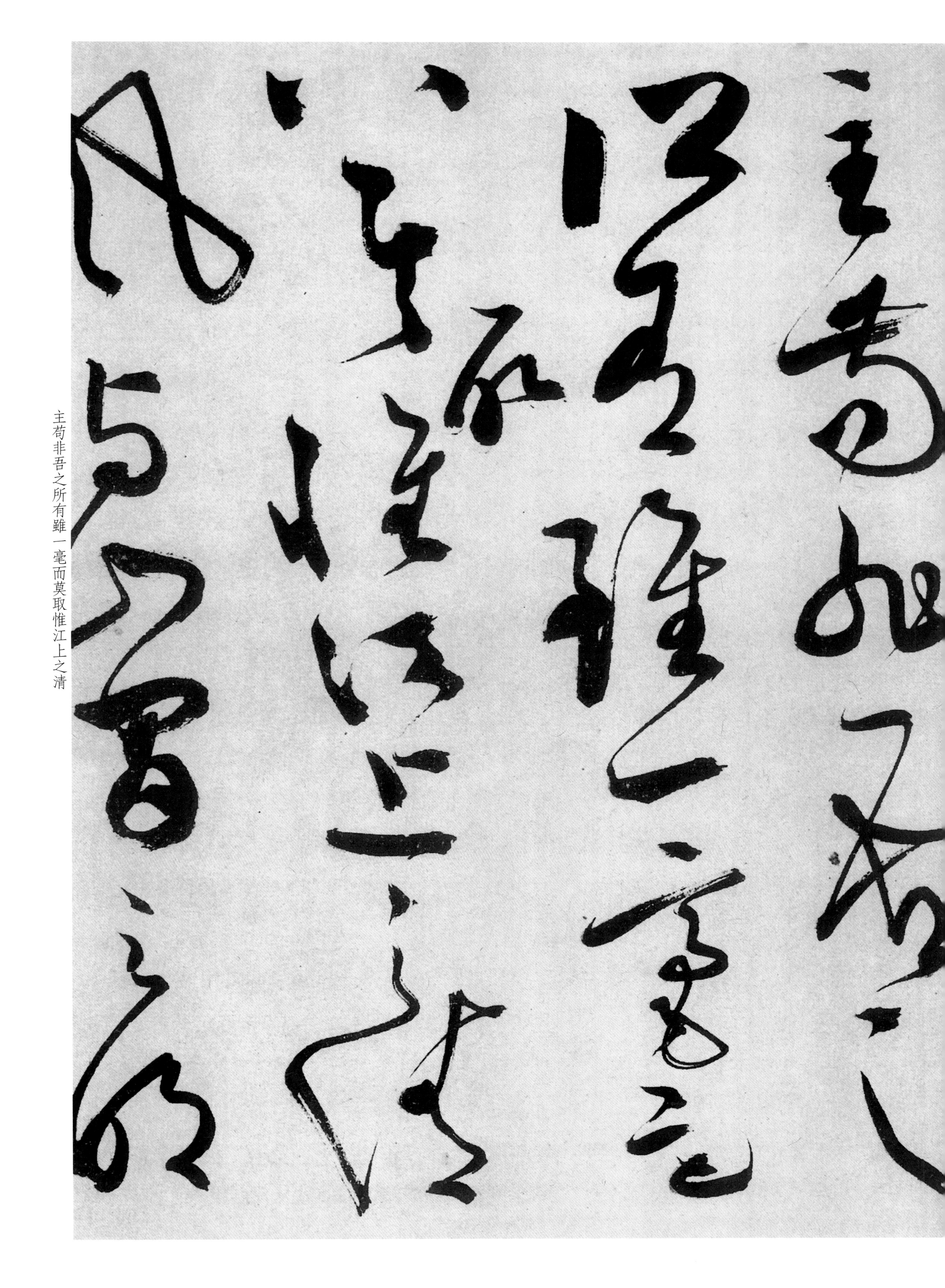

主苟非吾之所有雖一毫而莫取惟江上之清

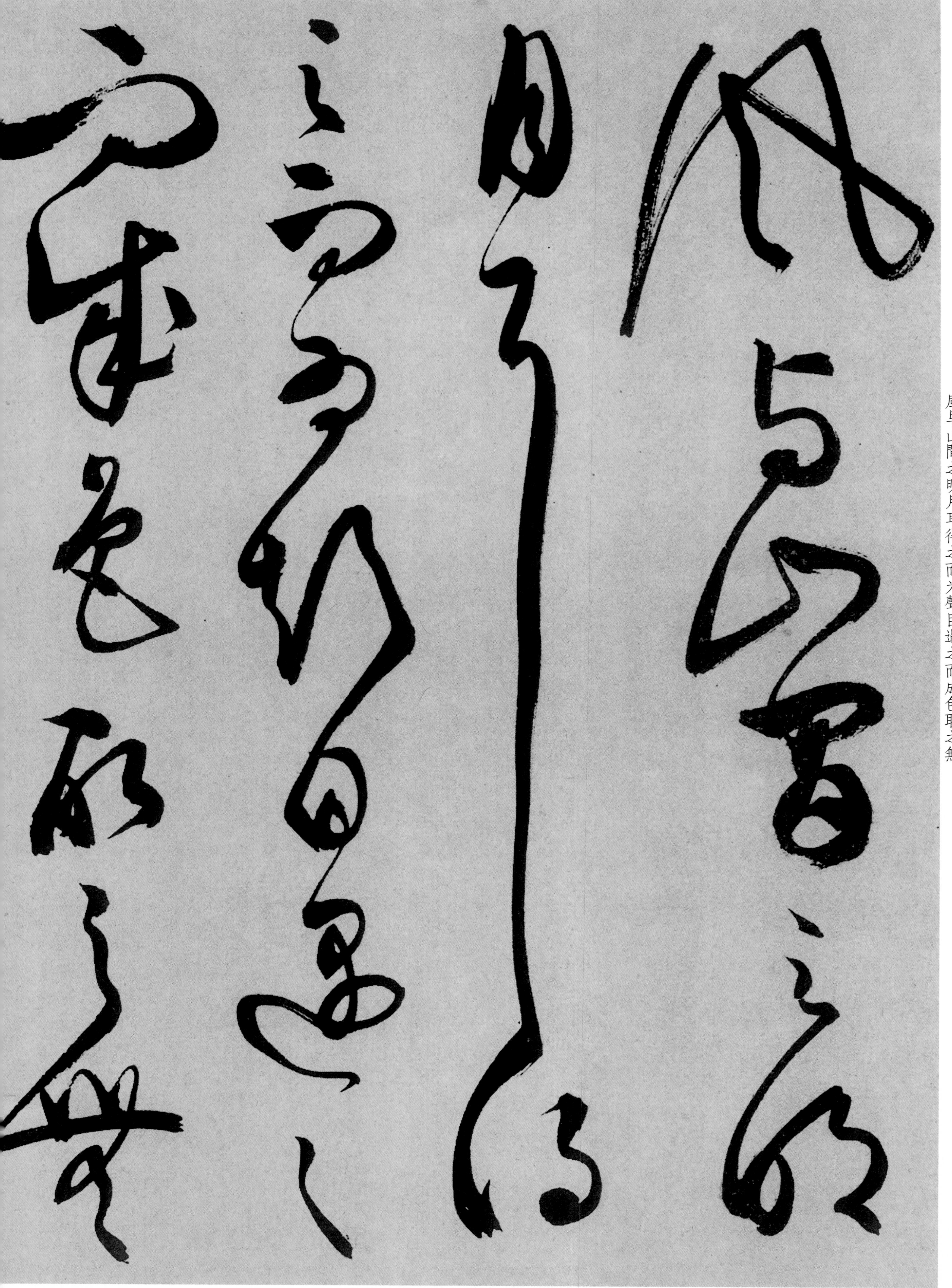

風与山間之明月耳得之而为聲目遇之而成色取之無

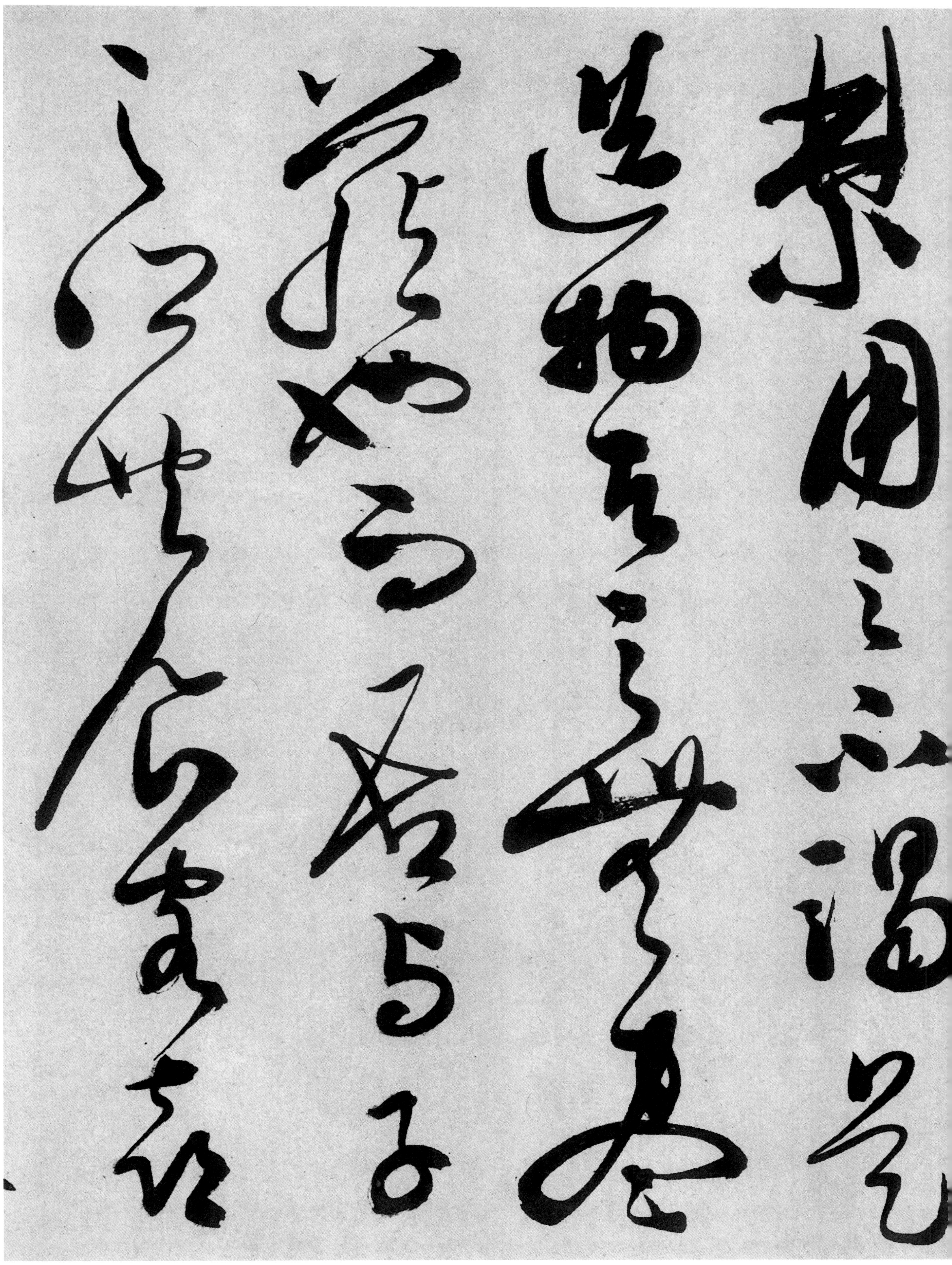

禁用之不竭是造物者之無尽藏也而吾与子之所共適客喜

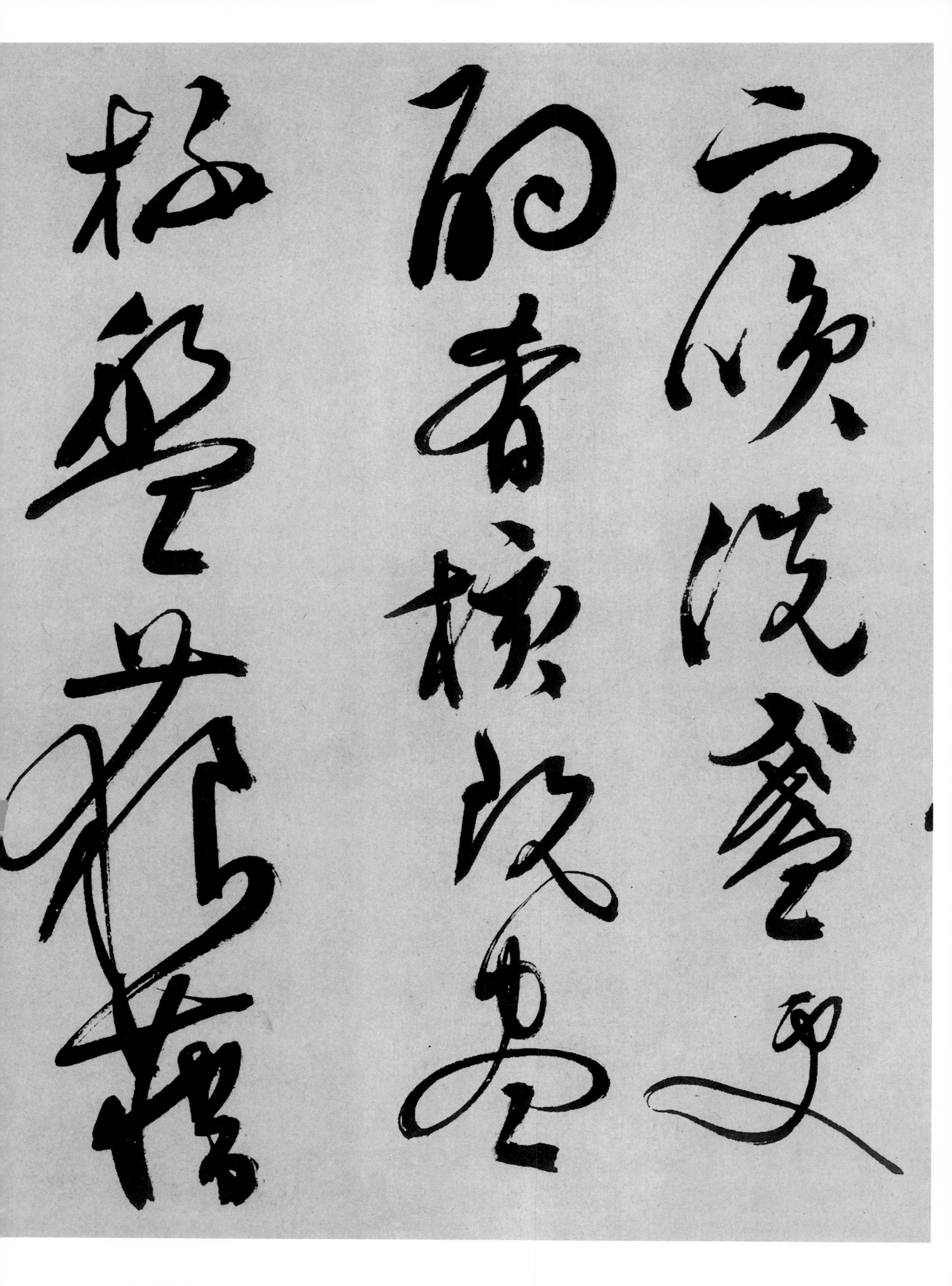

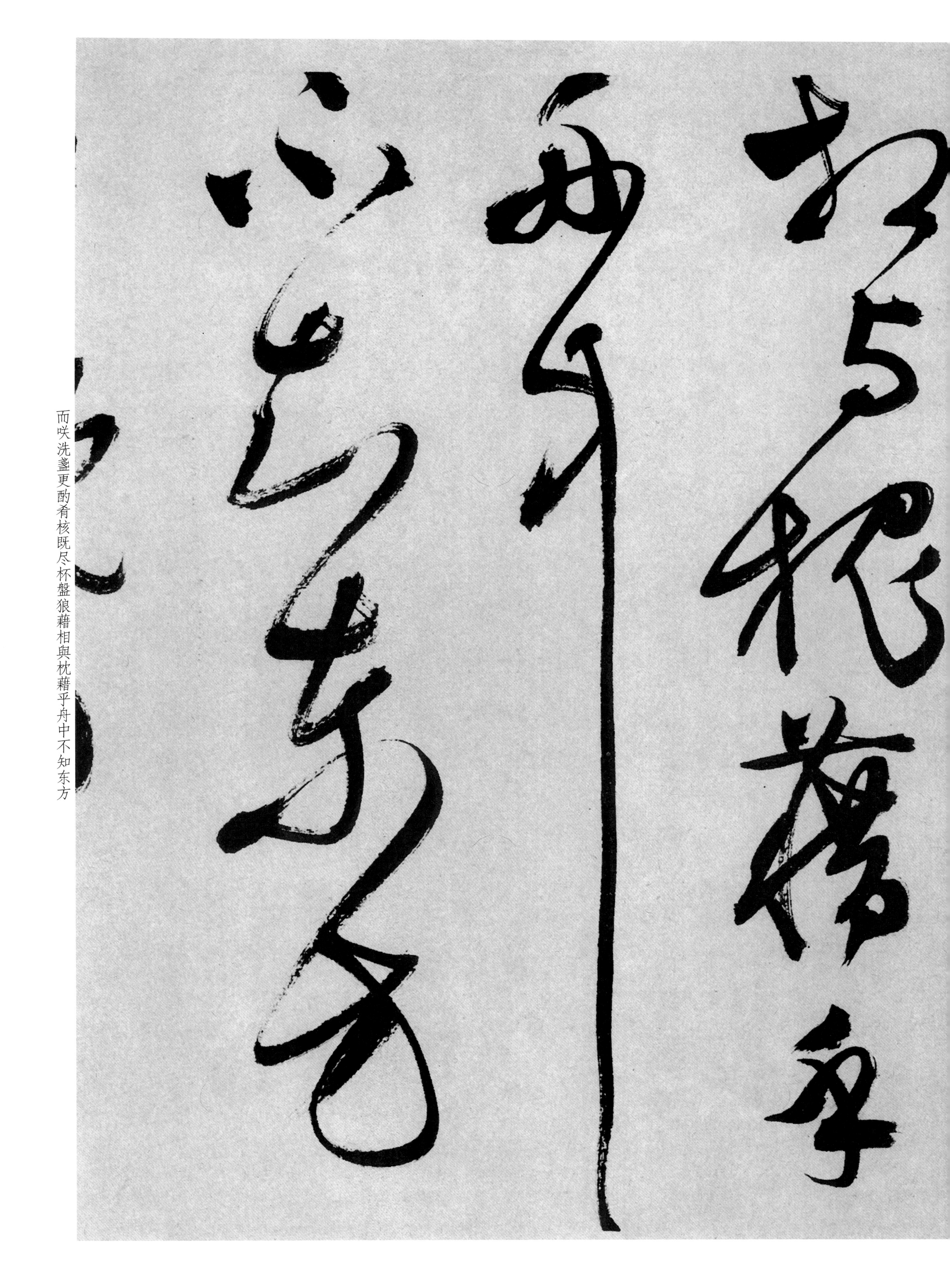

而咲洗盞更酌肴核既尽杯盤狼藉相與枕藉乎舟中不知东方

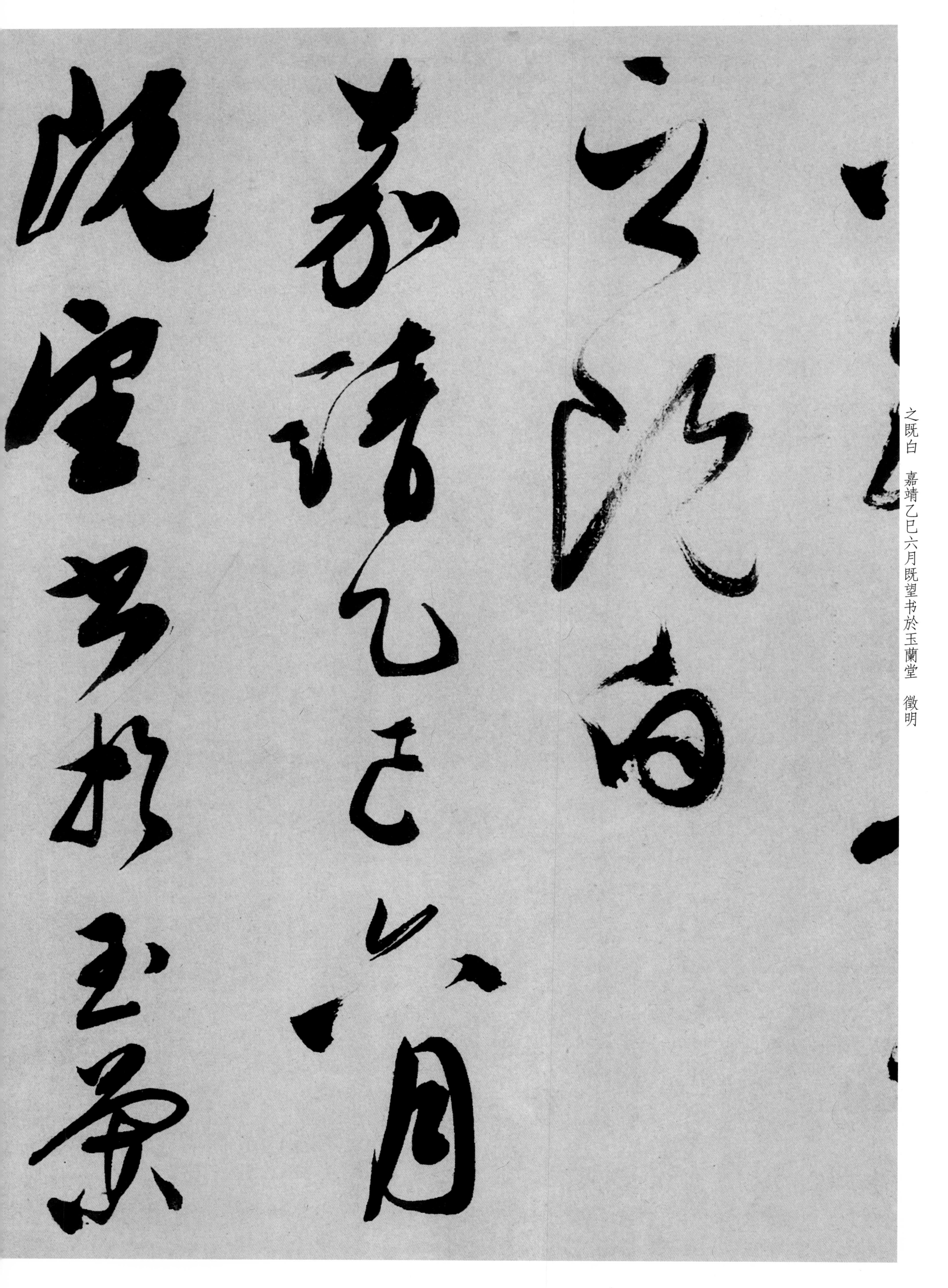

之既白　嘉靖乙巳六月既望书於玉蘭堂　徵明